A. FERRET 1978

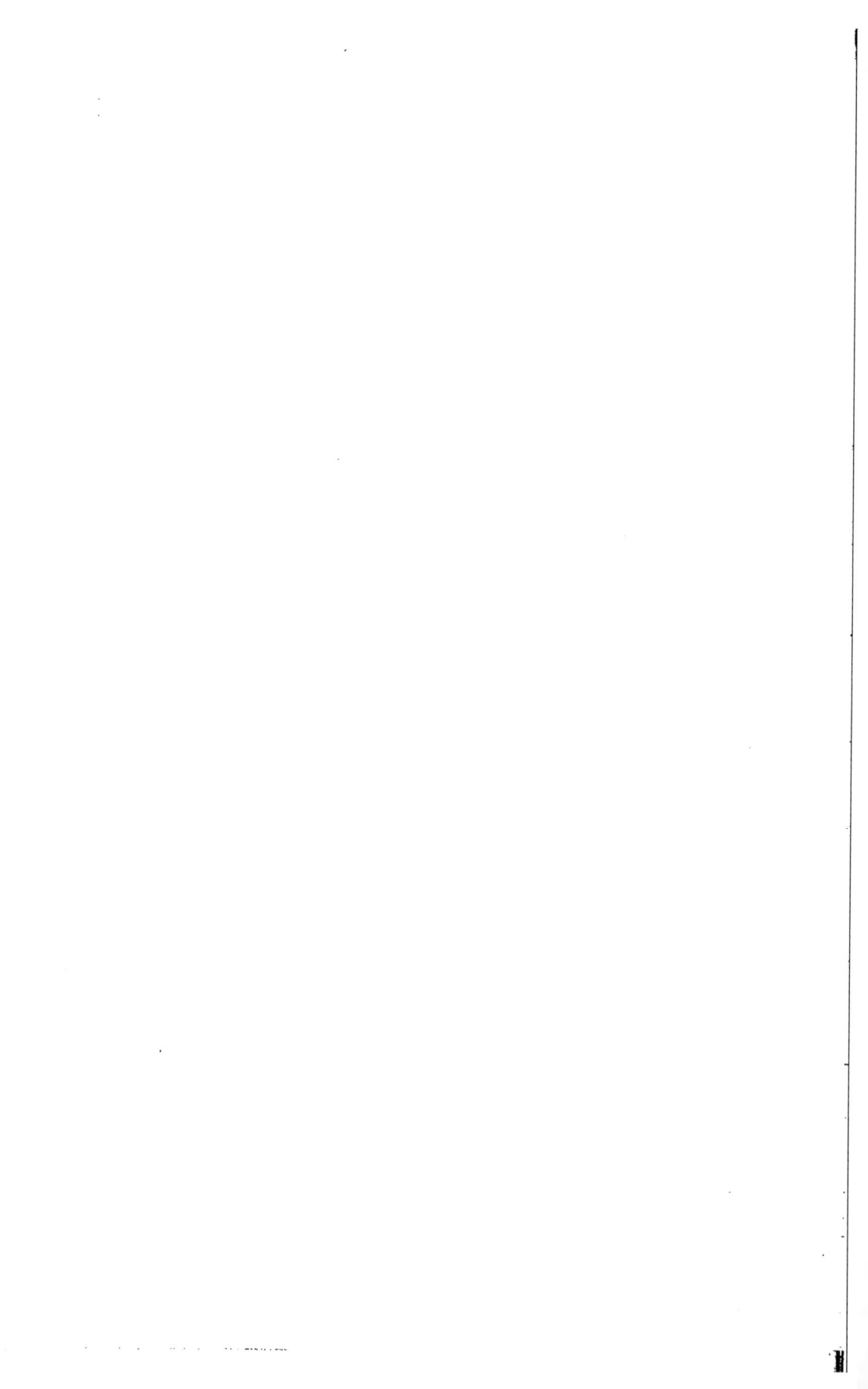

FACULTÉ DE DROIT DE TOULOUSE.

DE LA PROPRIÉTÉ DES MINES

EN DROIT ROMAIN ET EN DROIT FRANÇAIS.

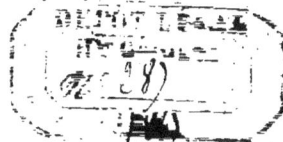

THESE POUR LE DOCTORAT

SOUTENUE PAR

Marie-Pierre-Octave SENGENSSE,

AVOCAT,

Né à Thenon (Dordogne).

TOULOUSE

TYPOGRAPHIE DE BONNAL ET GIBRAC,

RUE SAINT-ROME, 44.

1867.

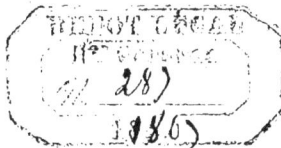

DE LA PROPRIÉTÉ DES MINES

EN DROIT ROMAIN ET EN DROIT FRANÇAIS.

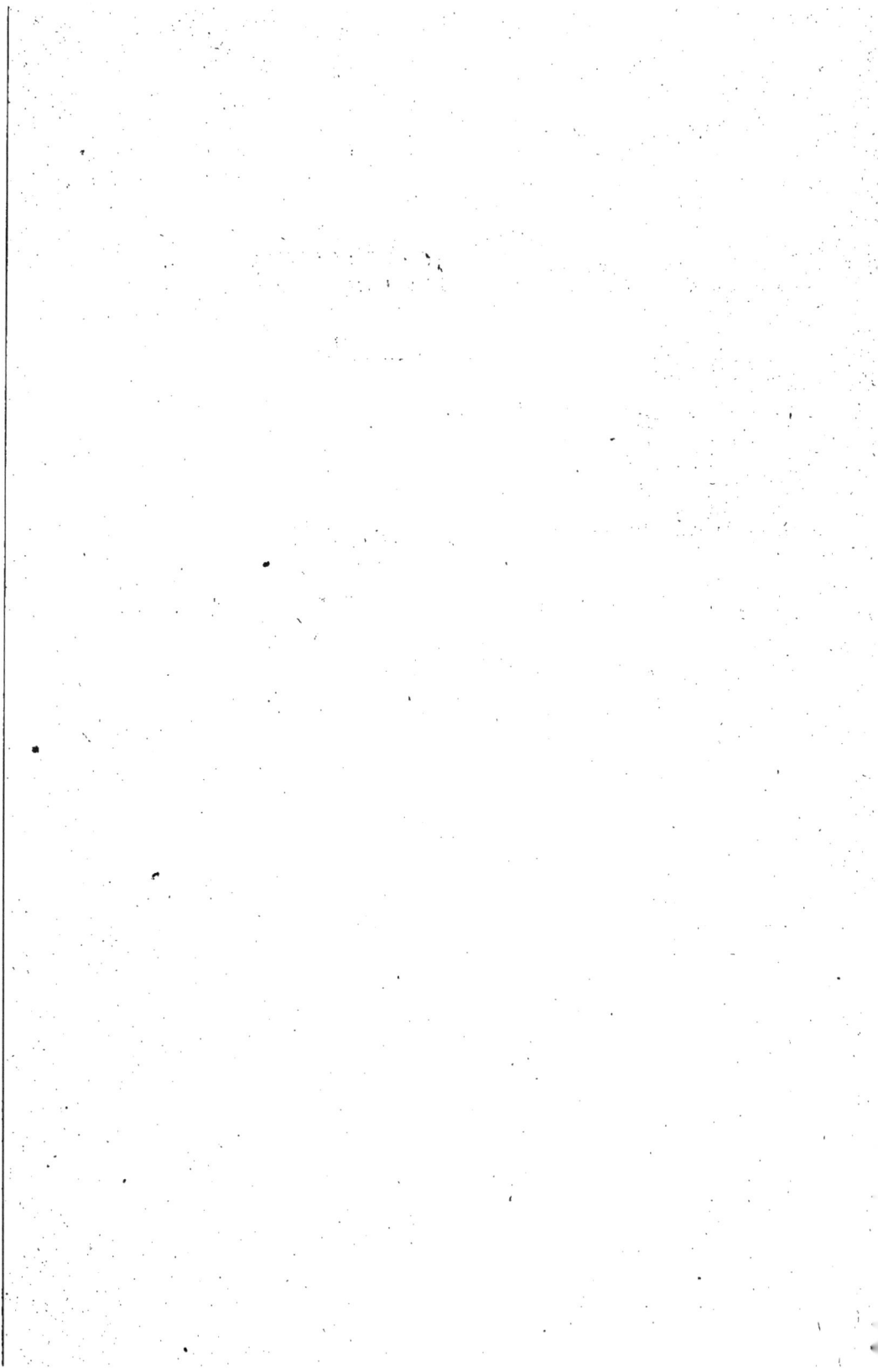

FACULTÉ DE DROIT DE TOULOUSE.

DE LA PROPRIÉTÉ DES MINES

EN DROIT ROMAIN ET EN DROIT FRANÇAIS.

THÈSE POUR LE DOCTORAT

SOUTENUE PAR

Marie-Pierre-Octave SENGENSSE,

AVOCAT,

Né à Thenon (Dordogne).

TOULOUSE

TYPOGRAPHIE DE BONNAL ET GIBRAC,

RUE SAINT-ROME, 44.

1867.

FACULTÉ DE DROIT DE TOULOUSE.

MM. Chauveau Adolphe ✱, doyen, *professeur de Droit admi-nistratif.*

Delpech ✱, doyen honoraire, *professeur de Code Napoléon, en congé.*

Rodière ✱, *professeur de Procédure civile.*

Dufour ✱, *professeur de Droit commercial.*

Molinier ✱, *professeur de Droit criminel.*

Bressolles, *professeur de Code Napoléon.*

Massol ✱, *professeur de Droit romain.*

Ginoulhiac, *professeur de Droit français,* étudié dans ses origines féodales et coutumières.

Huc, *professeur de Code Napoléon.*

Humbert, *professeur de Droit romain.*

Rozy, agrégé, *chargé du cours d'Economie politique.*

Poubelle, agrégé, *chargé d'un cours de Code Napoléon.*

Bonfils, agrégé.

M. Darrenougué, Officier de l'Instruction publique, Secrétaire Agent-comptable.

Président de la thèse : M. Chauveau Adolphe.

M. Dufour,	*Suffragants*
M. Humbert,	
M. Rozy,	*Agrégés.*
M. Poubelle,	

À la mémoire de ceux que j'ai perdus.

—

A MA FEMME.

—

A MON FILS.

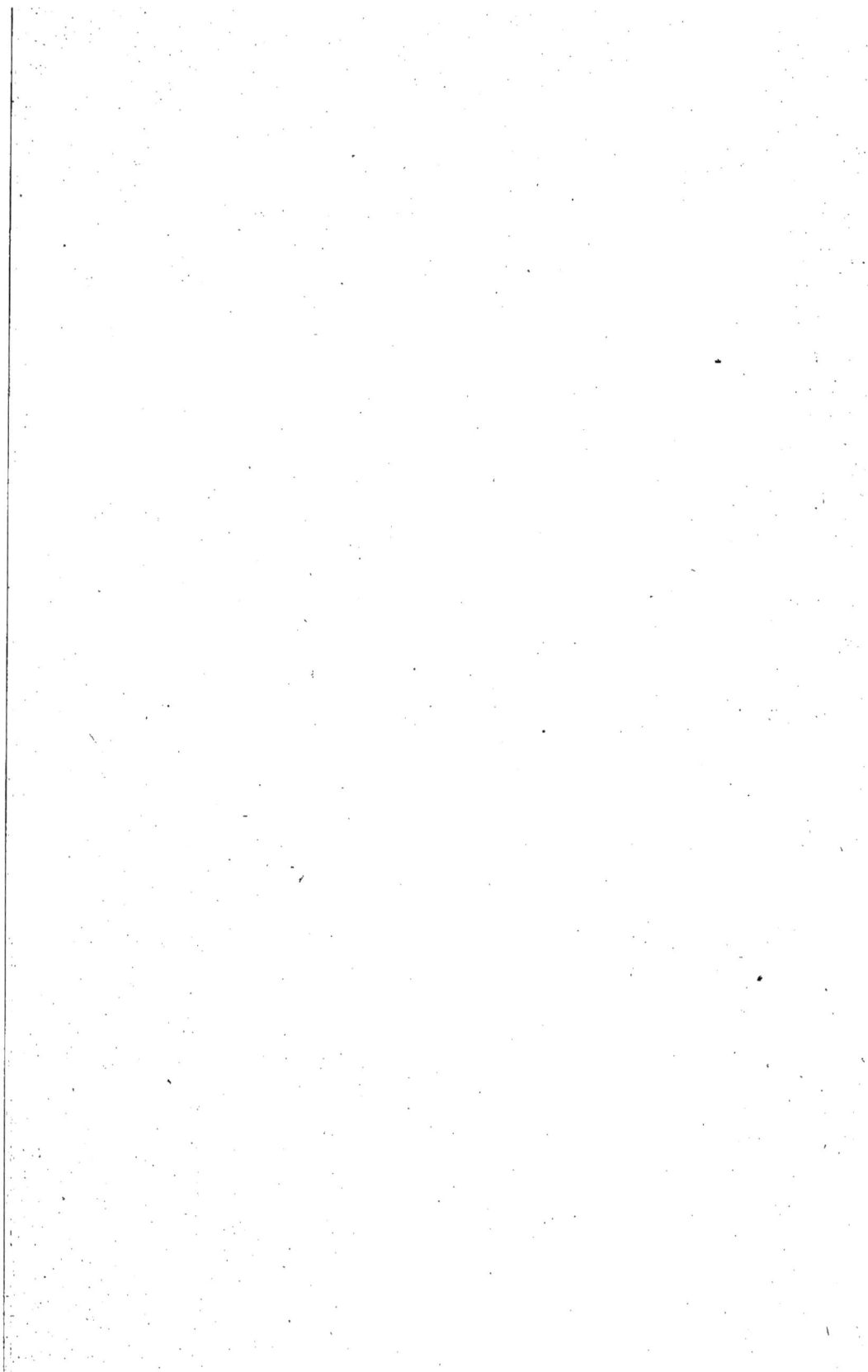

AVANT-PROPOS.

La propriété des mines n'a pas encore été, croyons-nous, traitée comme thèse de doctorat. Or, bien que ce sujet se prête peut-être moins que d'autres à la discussion juridique, il m'a semblé devoir offrir de l'intérêt, car il se rattache intimement à l'Economie politique, au Droit civil, au Droit administratif, à l'Histoire, et en même temps aux sciences naturelles, telles que la Géologie, la Minéralogie, la Chimie, la Mécanique, etc., dont les développements sont si remarquables à notre époque et si populaires.

Etudier dans tous ses détails la matière immense des mines n'est point le but que s'est proposé d'atteindre ce modeste travail : son titre l'indique assez. J'ai dû concentrer mes investigations sur un point spécial, celui que l'on a appelé du reste *la clé de voûte de la législation minière,* me réservant, chaque fois que cela sera utile et possible, de jeter un coup d'œil d'ensemble sur d'autres parties.

Le Droit romain occupera dans cette thèse une place relativement étendue, et cela précisément parce que jusqu'ici les recherches ont été moins dirigées de ce côté, malgré l'attrait qu'offrirait à coup sûr cette partie du Droit de Rome, si elle était présentée par une plume habile.

Quant au Droit français, au Droit moderne principalement, il abonde en travaux, en documents, en matériaux de toute espèce : c'est là surtout que j'ai dû me restreindre, m'en tenir d'aussi près que possible à mon programme, laissant, soit à l'arrière plan, soit en dehors de mon cadre, quantité de notions dont le simple exposé eût fait de ma thèse un gros livre.

PREMIÈRE PARTIE.

———

INTRODUCTION.

———

PROLÉGOMÈNES.

I. L'empire que le Créateur a donné à l'homme sur la terre est illimité en quelque sorte, puisque la science humaine en recule chaque jour les frontières ; aussi, c'est peu à peu que notre race a pris possession de son domaine. Les végétaux à l'état de nature, les animaux sauvages, ont pu suffire à ses premiers besoins ; la culture et la domestication sont venues ensuite ; mais l'homme a dû sentir bien vite la nécessité d'armes, d'ustensiles, d'ornements. De là ces outils, os ou silex, patient effort de l'âge primitif, remplacés peu à peu par l'instrument de métal, preuve d'une civilisation déjà bien plus avancée. L'or, l'argent, l'airain, nous le verrons, vont être les premières conquêtes métalliques. Le fer ne viendra que plus tard, mais quelle énergique impulsion sa découverte donnera à la civilisation.

II. Ce serait une belle histoiré que celle des métaux, histoire mêlée de grandeur et de bassesse, où la plume serait souvent trempée de sang ; histoire remplie d'enseignements pour le penseur et pour le philosophe, car ce serait en grande partie l'histoire du travail, ce capital vivant, du travail qui, d'abord imposé par le besoin à tout homme, ne tarde point, dans les premières sociétés, à devenir le partage des esclaves, des serfs, des roturiers, jusqu'à ce qu'on arrive à comprendre qu'il est la loi de chacun, et que lui seul ennoblit et élève, au lieu d'abaisser, d'avilir !

« L'histoire du travail, dit Grar (1), c'est l'histoire
» de la prospérité des nations, l'histoire de leurs pro-
» grès, de leurs mœurs. On a écrit l'histoire des rois,
» l'histoire des grands, l'histoire des batailles, l'histoire
» des institutions..... ; quant à l'histoire du travail, elle
» est encore à faire. » Et cependant il y a longtemps que nous ne comprenons plus les dédains de Cicéron pour l'industrie ; nous ne sommes plus aux temps où Platon voulait qu'on punît le citoyen qui ferait le commerce, où Xénophon demandait qu'il fût exclu des charges publiques ; l'époque entravée par les jurandes et les corporations est déjà bien loin de nos idées ; l'esclavage antique brise ses chaînes de tous côtés ; le diplôme de l'ingénieur est devenu un moderne parchemin de noblesse, et le travail et l'industrie, trônant sur le globe entier, ont assis un empire qui ne finira qu'avec le monde.

III. Pour cette heureuse transformation, de quelle

(1) **Ed. Grar.** *De la houille dans le Hainaut français.*

utilité ont été les substances minérales! Agriculture, industrie, défense, transactions, tout se fait par
elles et avec elles. Sans leur secours, le génie inventif
de l'homme eût été frappé de stérilité, son industrie
n'eût pas dépassé celle de l'insulaire océanien ; grâce à
elles, il a pu réaliser d'immenses découvertes, d'énormes
travaux, témoignages éclatants de sa force, de sa grandeur, de l'intelligence dont Dieu l'a pourvu.

C'est pourquoi, sans entrer dans des détails techniques
et historiques hors de propos et de proportion ici, il ne
sera peut-être pas sans utilité de dire quelques mots des
métaux, de leur découverte, de leur influence économique, etc. Ce sera là, pour l'étude des textes et des
décisions juridiques, une introduction assez naturelle,
ce me semble, pour que j'essaie de l'aborder.

CHAPITRE I.

GÉNÉRALITÉS HISTORIQUES ET MINÉRALOGIQUES.

IV. Sous nos pieds est le grand laboratoire de la
nature, dont les foyers sont toujours en activité. En effet,
le globe que nous habitons a été, à une époque évidemment fort reculée, en un état d'incandescence complète ;
puis, à la suite de révolutions innombrables, occasionnées
par son mouvement, son refroidissement et mille in-
fluences chimiques, électriques ou autres, les matières,
encore en fusion, ou en vapeurs, ou à l'état de précipi-
tations chimiques, se sont injectées à travers la mince

pellicule extérieure déjà solidifiée et y ont constitué des amas, des filons, des veines, de métaux et minéraux divers, enchevêtrés dans les roches primitives, granites, porphyres et basaltes, ou dans des couches sédimentaires plus ou moins modifiées et remaniées. D'autres matières, se stratifiant au fond des eaux, ont lentement formé les terrains de sédiment, calcaires, grès, argiles, nécropole gigantesque de la faune antique. Enfin, des parties plus ou moins importantes de la surface ont été englouties çà et là, et, sous l'influence de la pression, de la chaleur, ont subi des modifications remarquables : telle est notamment l'origine des combustibles fossiles, houille, anthracite, tourbe, etc.

C'est ainsi que les substances minérales ont été formées, ou, pour mieux dire, mises à la portée de l'homme, de cet être à qui la nature marâtre avait donné pour seuls outils les dix doigts de ses mains [1], et qui, grâce à l'étincelle divine mise en son cerveau, a su tirer si bon parti d'instruments en apparence si frêles.

V. Un minéral est un corps dépourvu d'organisation, placé à la surface ou dans les profondeurs de la terre, et composé de molécules unies entr'elles par mélange ou combinaison.

Le minéral ne vit pas. On a rejeté bien loin aujourd'hui cette vieille croyance que les pierres, les métaux croissaient à la manière des plantes, croyance d'après laquelle les anciens confondaient cette agrégation de molécules inorganiques d'où résulte la formation d'un minéral avec une prétendue faculté de se reproduire

[1] Edm. About. *Le progrès*, p. 24.

abondamment, au même lieu et dans un court espace de temps, ce qui rendrait inépuisable un même gîte de minéraux (1). Les jurisconsultes romains Ulpien et Javolenus (2) expriment cette croyance à la renaissance des pierres; et lorsque Virgile appelle l'île d'Elbe (*Ilva*) : île féconde en veines inépuisables d'acier : *insula inexhaustis chalybum generosa metallis*, il parle sans métaphore (3).

Démocrite accordait aux minéraux une *âme végétative*, Tournefort soutenait que leur croissance tenait à un *suc lapidifique* agissant, d'après lui, dans les pierres à la manière de la synovie dans les os ; et le père Castille, dans sa *Magia natural*, cite l'opinion d'Aristote, qui n'a pas craint d'assurer qu'à Philippes, en Macédoine, l'or se semait et se récoltait comme le blé, et qu'à Chypre, on en faisait autant du fer.

La ridicule opinion dont il s'agit a, du reste, trouvé tout récemment, en 1849, un dernier défenseur dans la Chambre des Députés de Madrid, lors de la discussion d'une loi espagnole sur les mines.

VI. Un métal est un corps opaque, conducteur et électrisable, généralement ductile, malléable, tenace,

---

(1) L'albâtre que l'on voit dans beaucoup de grottes n'a pas dû peu contribuer à faire naître la croyance à la régénération spontanée des minéraux. Les stalactites et stalagmites d'albâtre augmentent, en effet, assez rapidement dans beaucoup de cavernes ; mais il y a là un pur fait mécanique. Cette concrétion est, en effet, le produit du dépôt calcaire abandonné par les gouttelettes d'eau qui suintent du plafond. Chaque goutte porte son petit contingent, et avec le temps l'addition de toutes ces particules infinies produit des blocs parfois énormes.

(2) Loi 7, § 13 et 14. *Sol. matrim.*, Dig., XXIV, 3. — Loi 18, *De fundo dot.*, Dig., XXIII, 5. — Demangeat, *De fundo dot.*, p. 396 et ss.

(3) Virgile. *Ænéid.*, X, v. 174.

élastique, sonore, insoluble dans l'eau, attaquable par les acides. Au nombre des plus utiles sont le fer, le cuivre, l'or, l'argent, le platine, le mercure, le plomb, le zinc, l'étain, l'antimoine, le bismuth, le nickel, le manganèse, l'arsenic, l'aluminium, etc. Plusieurs de ces métaux se rencontrent dans la nature à l'état natif; ce sont ceux qui ont peu d'affinité pour l'oxygène : le plus généralement, on recueille les métaux à l'état d'oxydes ou de sels.

Les métalloïdes sont des corps qui n'ont pas toutes les propriétés métalliques, tels que l'oxygène, l'hydrogène, l'azote, le chlore, le carbone, le soufre, le brome, l'iode, le phosphore, etc.

Tous ces divers corps simples sont susceptibles de former entr'eux des combinaisons soumises aux lois les plus régulières, mais que nous n'avons nullement à examiner ici.

Les mines sont les excavations très variables de profondeur, creusées en puits et galeries, ou à ciel ouvert, pour extraire des métaux ou des minéraux. Leur conduite exige des connaissances spéciales que possèdent à un haut degré nos ingénieurs français.

VII. L'or est, de l'avis général, le premier métal qui ait dû être employé dans l'enfance de la civilisation : l'argent ne l'a été que plus tard. Cela tient à la nature des gisements de ces métaux et à l'état plus ou moins pur dans lequel ils se rencontrent. Le premier se trouve pur ou allié à un peu d'argent, on l'obtient par un simple lavage; le second existe généralement en filons encastrés dans les roches les plus dures des terrains primitifs, et exige pour son extraction des travaux compliqués et l'emploi de machines.

L'étude des plus anciens monuments de la Grèce et de l'Asie, du nord de l'Europe et des relations originales des conquérants du Nouveau-Monde, démontre que l'or en ustensiles ou en bijoux peut très bien s'allier avec un état de choses voisin de la barbarie, tandis que l'emploi de l'argent à ces mêmes besoins dénote par lui seul un état social assez avancé (1) ; et l'on peut, dit Dureau de la Malle (2), déterminer *a priori* le degré de civilisation d'un peuple d'après la seule connaissance de l'espèce de métal, or, cuivre, argent ou fer, qu'il emploie pour ses armes, ses outils ou sa parure.

Les Chinois, les Indiens, les Égyptiens, les Hébreux, les Assyriens, les Perses, cultivèrent de bonne heure les arts et les sciences. La préparation du pain, du vin, des couleurs, la teinture des étoffes, l'emploi des pierres précieuses et de quelques métaux remontent à une antiquité très reculée ; mais le premier catalogue minéralogique est dû au législateur juif (3).

L'or (*zahab* en hébreu, *laué* (qui luit) en sanscrit), était déjà très répandu dans ces temps antiques. L'Éternel dit à Moïse : « Vous recevrez de l'or, de l'argent et de l'airain (4). » Tout le monde connaît l'histoire du veau

---

(1) *Historia del signor Colombo, cap. XXIII,* et *Nouvelles annales des voyages,* 1838, p. 131 et ss. — Jacob, *Histor. inquiry into the production of the precious metals.* London, 1834. — *Matériaux pour l'histoire de l'homme,* par M. de Mortillet, 1865. — *Essai sur les dolmens,* par le baron de Bonstetten. Genève, 1865.

(2) Dureau de la Malle. *Économie politique des Romains,* I, p. 48 et ss.

(3) Exod., cap. XXVIII, v. 5, 6, 8, 9, 10, 15 et 20.

(4) Exod., cap. XXV, v. 3.

d'or fabriqué dans le désert ; Job parle de l'or d'Ophir, etc.
Les Égyptiens, de leur côté, recueillaient de l'or dans
les sables du Nil ; et ce métal était fort abondant à
Ninive et à Babylone, d'après Diodore de Sicile et Pline.
Il paraît aussi avoir originairement abondé dans la Gaule ;
mais les mines d'où il était extrait, les rivières qui le
charriaient, durent s'épuiser promptement, car le titre
des monnaies gauloises s'abaisse d'autant plus que
l'époque de leur fabrication se rapproche davantage de
la conquête romaine (1).

Les Égyptiens paraissent les premiers, parmi les peuples qui entourent la Méditerranée, avoir fait usage de
la monnaie. Abraham (1900 ans av. J.-C.) ne connaissait l'or et l'argent comme signe de la richesse, qu'après
son voyage en Égypte (2) *.

VIII. Après l'or, les hommes firent usage de l'argent
et du cuivre, et ces trois métaux furent longtemps les
seuls employés, ce qui est naturel, puisqu'ils sont les
plus faciles à reconnaître et à travailler (3).

Le métal qui recevait le plus d'emploi était sans
contredit l'airain : on l'employait à la fabrication
des armes, des outils, des fermetures, à fondre des
statues, à mille emplois domestiques. Il servait notamment à la confection des haches, des *rasoirs*, ainsi que
des faux, dernier emploi qui, par parenthèse, nécessitait

---

(1) Napoléon III, *Histoire de César*, ch. IV, liv. 1.

(2) Genèse, XIII, 2.

* Des auteurs veulent que l'idée de la monnaie ait pris naissance chez
les Assyriens ; Hérodote l'attribue aux Lydiens ; Ovide en fait remonter
l'origine au temps où Saturne et Janus régnaient en Italie ; les Chinois,
enfin, frappaient, paraît-il, de la monnaie de cuivre 2000 ans avant J.-C.

(3) Niebuhr. *Hist. rom.*, II, p. 213.

une double opération pour le fauchage des prés, opération
d'autant plus difficile que les Romains n'ont eu que plus
tard de bonnes pierres à aiguiser (1). Il se tirait (2)
d'un minerai analogue à l'orichalcite des Grecs, minéral
facile à fondre et qui produisait du laiton ou cuivre
jaune. L'airain s'obtient par la fusion d'une pierre, dit
Job (3).

L'airain (*ar*, c'est-à-dire *métal par excellence*, en
sanscrit), combinaison naturelle, et plus tard volontaire,
de cuivre et d'étain, fut connu longtemps avant le cuivre
et le fer. Cependant, il paraît, d'après la Genèse, que
Tubal-Caïn, le huitième homme après Adam, *malleator
et faber in cuncta genera æris et ferri*, forgeait à la même
époque le fer et l'airain (4).

Les Mexicains et les Péruviens, d'après A. de Humboldt, possédaient aussi des haches, des ciseaux en
cuivre, et savaient les rendre durs et tranchants au
moyen d'un alliage d'étain. En Amérique, c'est parmi
ces deux peuples seuls que l'on rencontra l'argent ; aussi
étaient-ils les plus civilisés du Nouveau-Monde.

Job, que les interprètes de la Bible placent entre
Joseph et Moïse, paraît avoir eu quelques connaissances
de la métallurgie et des mines. Il cite quatre métaux :

---

(1) Varro. 1, 49, 2, *De re rusticâ*. — Pline, XVIII, 67, 5, *Hist. nat.*
— V. Dureau de la Malle, *Op. cit.*, II, 129. — Mongès, *Mém. de l'Acad.
des inscrip. et bell. lettres*, III. p. 492 et ss. — Quatremère, *Mémoire
sur l'Egypte*, II, p. 175.

(2) Flandrin. *Diction. de minéral.*, p. III.

(3) Job. XXVIII, 2.

(4) *Vid. tam.* la critique de ceci dans la *Philosophie chimique* de
Dumas.

l'or, l'argent, l'airain et le fer. C'est dans son livre que l'on trouve la première idée du feu terrestre central (1).

L'usage *volontaire* de l'étain remonte aussi très loin. Ce métal était connu en Egypte, utilisé par les Assyriens, les Babyloniens, les Phéniciens, les Carthaginois, etc. : allié au cuivre, à l'argent, à l'or, il formait l'airain ou le bronze. Sous forme de sels, il paraît avoir servi pour la teinture des étoffes dans les temps les plus reculés (2). Les marins de Tyr et de Carthage allaient le chercher jusque sur les côtes de la Cornouaille anglaise et de l'Armorique (3). Le plomb était déjà connu (4).

IX. La lenteur du progrès des arts manuels, dit Lyell (5), ressort visiblement de ce fait que les premiers instruments de bronze furent modelés exactement sur la forme des outils de pierre de l'âge précédent, quoique de pareilles formes n'eussent à coup sûr jamais été choisies si les métaux avaient été connus dès l'origine. La répugnance ou l'incapacité des tribus sauvages à adopter les nouvelles inventions a été bien mise en évidence dans l'ouest de l'Amérique, puisque les autochthones continuent encore aujourd'hui à se servir des mêmes ustensiles de pierre que leurs ancêtres ; et pourtant de puissants empires, où l'usage des métaux était fort connu, ont prospéré pendant 3000 ans dans leur voisinage.

(1) Job. XXVIII, 5.

(2) *De l'industrie moderne*, par F. de Verdeil, p. 190 et ss.

(3) Macaulay. *Hist. d'Angleterre*, trad. d'Emile Montégut, p. 346 et ss. — *Hist. de César*, par Napoléon III, ch. IV, liv. I.

(4) *Iliade*, VII, 492.

(5) *Antiquity of man*. London, 1864. Lyell.

X. Il est probable que le fer ne fut employé que longtemps après l'airain (1), quoique sa découverte se perde dans l'antiquité (1431 ans av. J. C., d'après les marbres d'Oxford). Og, roi de Bascan, avait un lit de fer. « Ta chaussure sera de fer et d'airain, » dit le Deutéronome (2). Des tombeaux scandinaves, assurément fort anciens, qui ont été explorés par les antiquaires danois et dont le mobilier est déposé au musée de Copenhague, ont offert des outils et des armes dont la lame est en bronze avec la pointe en fer (3). La profusion de l'emploi de l'or et du cuivre dans ces tombeaux contraste avec la parcimonie évidente de l'application du fer, et prouve que chez le peuple inconnu qui éleva ces *tumuli*, ce dernier métal était bien moins commun.

Quant aux *dolmens* et aux *tumuli* que l'on rencontre dans les autres parties de l'Europe, ceux du nord-est appartiennent à l'âge de pierre. Ceux du nord-ouest (Bretagne, îles Britanniques) contiennent, mais très rarement, des objets en bronze et en or. Ceux du sud (centre et sud de la Gaule, Espagne, Portugal) renferment généralement du bronze, mais on y trouve encore des instruments de pierre en quantité assez notable, et le fer y apparaît quelquefois (4).

La trempe du fer avait été inventée et pratiquée plus

(1) *Et prior æris erat quam ferri cognitus usus.* Lucrèce, *De rerum naturá.*

(2) Deutéronome. III, 2 ; XXXVIII, 2.

(3) Jacob. *Op. cit.*, p. 23.

(4) *Moniteur de l'Archéologue,* nos de mars et avril 1866, article de M. E. Cartailhac.

de mille ans avant l'ère chrétienne (1), mais du temps d'Homère le fer était encore si précieux qu'Achille en offre une boule pour prix de la lutte dans les jeux célébrés en l'honneur de Patrocle (2) ; et à l'époque de Jules-César, il était si rare dans la Grande-Bretagne qu'il y servait de monnaie (3).

XI. Une opinion singulière était née dans les sanc-tuaires sacrés des Egyptiens et y avait pris une impor-tance extraordinaire : elle consistait à considérer l'or comme le seul métal parfait et à croire que tous les autres métaux pouvaient être convertis en or par une addition ou une épuration convenables. La découverte du mercure date de cette époque : il est assez probable qu'elle donna naissance à cette opinion, et par suite à la philosophie hermétique, qui prit son nom d'Hermès, à qui l'on attribue le livre du *Pymandre* ou de la *Table d'Emeraude* (4). D'Egypte, Démocrite d'Abdère rapporta cette prétendue science, 500 ans avant l'ère chrétienne, en Grèce où elle prit le nom de χυμεία. Elle passa ensuite chez les Arabes, qui, en ajoutant leur article *al*, en firent l'*Alchimie*, dénomination qu'elle a conservée jusqu'à nos jours.

La philosophie hermétique eut bientôt un double but : acquérir de la richesse en même temps que de la santé. Il n'est donc pas étonnant que les premiers adeptes et la plupart de leurs successeurs aient cultivé la médecine, et que la minéralogie ait été considérée à cette époque et

---

(1) Homère. *Odyssée*, IX, 393.
(2) Homère. *Iliade*, XXIII.
(3) César. *Bell. gall.*, V, 12.
(4) Flandrin. *Dict. minéral.*, IX.

longtemps après comme une branche de l'art de guérir (1).

XII. Hérodote, quatre siècles après Homère, donne des détails circonstanciés sur les minéraux connus de son temps (2). Nous y trouvons mentionnés, pour la première fois, un marbre *porus*, le basalte, le *toph*, et de prétendues émeraudes gigantesques qui pourraient bien n'avoir été que des verres colorés, car les anciens savaient déjà travailler le verre sur de grandes dimensions (3). L'art des mines était connu aussi, puisque les Perses assiégeant Barcé s'avancèrent souterrainement jusqu'aux murailles (4).

Aristote, né 384 ans av. J.-C., ne parle des minéraux que superficiellement et seulement à la fin de ses quatre livres des *Météores*. Il attribue leur génération à la chaleur, au froid, à la sécheresse, à l'humidité, mais il n'y suit aucune division ni méthode. Sa cosmogonie est empreinte des idées de Pythagore et de celles de Manou qui, le premier, dans ses *Institutes*, livre sacré des Indous, a fait des cataclysmes une condition de l'équilibre du monde et a déclaré qu'il y a eu une longue succession de ces périodes de révolutions, dont chacune a duré plusieurs milliers de siècles. Aristote ne paraît pas avoir eu l'idée de rechercher l'origine des coquilles fossiles, qui cependant ont occupé Eratosthène et plusieurs savants grecs.

(1) Sur la question de savoir si les élucubrations des alchimistes ont avancé ou retardé le progrès des sciences, V. notamment Louis Figuier : *Découvertes scientifiques modernes.*

(2) Hérodote. VI, 125.

(3) Flandrin. *Op. cit.*, X.

(4) Hérod. IV, 200.

Théophraste (114e Olympiade), disciple du philosophe de Stagyre, a écrit un traité des *Pierres*, plein de lacunes, qui se distingue par la singulière prétention de diviser les pierres en mâles et femelles, suivant leur plus ou moins d'éclat. Je ne citerais point ce livre s'il ne nous parlait du combustible fossile, que l'on connaissait déjà sous le nom de *Lithanthrax*, charbon de pierre, mot qui s'est conservé dans l'italien *Lithantrace*. Les anciens connurent donc le charbon de terre, mais les Grecs et les Romains employèrent peu ce combustible, qui donnait tant de fumée et brûlait mal parce qu'on ne savait pas le brûler. Au reste, les forêts suffisaient amplement aux besoins d'une industrie encore bien restreinte, puis les peuples civilisés d'alors habitaient des pays chauds, la Grèce, l'Egypte, l'Asie-Mineure, l'Italie, contrées où, du reste, la houille est fort rare. Les choses n'étaient pas tout-à-fait les mêmes dans l'extrême Orient, où la civilisation s'était développée avant celle de l'Italie et de la Grèce. Les Chinois, auxquels on fait hommage de toutes les grandes découvertes, hors celle de l'Amérique, connaissaient et exploitaient le charbon fossile de toute antiquité ; mais leurs exploitations étaient et sont encore dans l'enfance. En Europe, les houillères qui paraissent avoir été travaillées les premières sont celles de la Grande-Bretagne : au xie siècle, Guillaume-le-Conquérant partage à ses compagnons d'armes les mines de Newcastle ; au xvie siècle, toutes les houillères britanniques sont en pleine exploitation et fournissent même les côtes de France. Vers cette même époque, la corporation des houilleurs de Liège avait aussi une grande importance ; elle possédait une charte, des priviléges,

voire même des armes, qui étaient d'*azur aux deux pics
d'or en sautoir*.

Dioscoride (*de re medica*) ne traite des minéraux que
sous le rapport de la médecine, et cela sans ordre et
sans classification. Il nous apprend cependant que les
Romains faisaient usage du bitume comme ciment, et
aussi pour vernir les statues, les barres de fer, les têtes
de clous, etc. (1).

Quelques années plus tard, Pline écrivait ses trente-
sept livres sur l'histoire naturelle (2). Ils sont le résumé
des connaissances naturelles du temps, mais sans aucune
nomenclature géologique.

Pline cite un métal qui se trouvait dans les sables
aurifères et les filons d'or, dont le poids était analogue à
celui de l'or et qui se présentait sous forme de calculs
noirs, tachés de blanc. Ne serait-ce point le platine? Il
décrit exactement le *Diamant*, mais il confond avec lui
une pierre qu'il nomme *Sidérite*.

Varron, témoin oculaire, cite (3), dit Dureau de la
Malle (4), un fait curieux sur l'emploi que, de son temps,
les Gaulois faisaient de la *marne* comme engrais, et du
charbon de certains bois brûlés, *en place de sel*. C'est la
plus ancienne mention de l'usage de la marne en Gaule,
usage qui subsiste encore, mais je ne connais aucun
pays de France où l'on use de charbon au lieu de sel.

Les tribus indigènes de la Gaule exploitaient non-
seulement le fer, mais aussi le cuivre, l'or, l'étain, le

(1) Dioscorid. *Op. cit.*, I, ch. 94 et 104.
(2) *C. Plinii secundi historiæ naturalis*, libri XXXVII.
(3) Varro. I, VIII, 8, *op. cit.*
(4) *Op. cit.* II. 72 ; Dureau de la Malle.

plomb, l'argent..... César, dans plusieurs passages de
ses *Commentaires*, mentionne l'adresse des Gaulois à
creuser des galeries souterraines pour attaquer ou se
défendre, et cette adresse, il l'attribue à l'habitude qu'ils
ont du travail des mines. César cite les gîtes de cuivre
et de fer de la Gaule ; il aurait pu aussi nommer les gîtes
d'or et d'étain, dont les anciennes excavations n'ont pas
cessé d'être visibles, au pied des Cévennes et des Pyrénées, pour l'or ; sur les plateaux du Morbihan et du
Limousin, pour ce métal et pour l'étain (1).

XIII. Pour ne point trop allonger ces généralités,
sautons brusquement jusqu'au xiie siècle, en notant,
dans l'intervalle, l'apparition d'un grand nombre de
traités sur les minéraux, tels que ceux de Galien,
d'Athénée, de Zozime, d'Archélaüs, de Geber, inventeur
de l'acide azotique, d'Al-Farabi, de Mardobée, etc.
Avicène, ou Abou-Ali Hussein, de Cordoue (xie siècle),
a la première idée du soulèvement des montagnes. Les
alchimistes découvrent que leur introuvable pierre phi-
losophale a la propriété de prolonger indéfiniment la vie ;
en outre, considérant l'analogie qui leur semblait exister
entre le nombre des métaux connus et les sept astres
alors les mieux observés, ils s'avisent de donner le nom
du Soleil à l'or, celui de la Lune à l'argent, de Mars au
fer, de Vénus au cuivre, de Mercure au vif-argent, de
Saturne au plomb, et de Jupiter à l'étain.

Le xiie siècle est signalé par d'importants développements de la métallurgie, et par les grandes exploitations
de houille de Liége et de l'Angleterre.

(1) L. Simonin. *La vie souterraine ou mines et mineurs.* Hachette,
1867, *passim.*

L'emploi de la boussole se répand dans l'exploitation des mines en même temps que dans la navigation. Albert le Grand fait en minéralogie d'intéressantes remarques.

Le XIIIe siècle inventa la méthode de la coupellation.

Au XIVe siècle, les mines de Suède, de Norwège, de Silésie, du Hartz, furent en grande activité.

XIV. Il en est des périodes de l'histoire comme des années, il y en a de stériles, comme il y en a de fertiles. Quel siècle est plus fécond que le XVe? Si vous ajoutez à la découverte de l'imprimerie, à l'invention des armes à feu, à la fondation de l'Empire Ottoman en Europe, la création des postes, l'abaissement de la féodalité par la politique de Louis XI, la découverte du Nouveau-Monde, vous aurez un ensemble d'événements peut-être unique dans les fastes du genre humain (1). Indiquons-y, comme dernier trait, la découverte la plus importante dans l'ordre d'idées qui nous occupe : la fusion du fer à l'état de carbure, découverte si capitale pour la civilisation.

N'ayant point à parler ici des immortels travaux de Galilée, Copernic, Képler, pas plus que de ceux postérieurs de Newton, nous ne signalerons au seizième siècle que les Traités de Georges Agricola, François Rueus, André Césalpinus, les inventions de notre grand potier Palissy, et la taille du diamant par Louis de Berghem.

La rigueur exercée contre les faux-monnayeurs arrêta longtemps, nous apprend Gobet (2), les progrès de la chimie, si l'on peut toutefois donner le nom de chimie

---

(1) Hœfer. *Histoire de la chimie.*
(2) Gobet. *Anciens minéralogistes.* Passim.

aux essais empiriques et cabalistiques de cette époque. Charles V ayant fait, dès 1380, très expresses défenses à toutes personnes, *de quelque état et condition qu'elles fussent, de se mêler du fait de chimie, d'avoir, ni tenir aucune sorte de fourneaux dans leurs maisons*, et ayant commis les généraux des monnaies pour punir les contrevenants, il fallait des lettres patentes, obtenues dans les chancelleries pour pouvoir faire des essais. Par des édits de 1554, 1554, 1570, 1571, 1635, 1636, 1637, 1638, il avait été défendu *à tous et chacun, sous prétexte de médecine ou autrement, de tenir chez soi fourneaux ou autres choses servant à fondre ou altérer les métaux, sans permission du roi, vérifiée en la Cour*. D'après ces principes, il fallut, sous les règnes de Henri IV, Louis XIII, Louis XIV, donner des lettres-patentes *à tous médecins spagyriques et aux chimistes*, sans quoi ils auraient été vexés dans leurs opérations. Ces lettres permirent de tenir chez soi *laboratoire, fourneaux et autres instruments*. Un sieur Rochas obtint même la permission d'enseigner publiquement la préparation des matières *métalliques, végétales et animales*.

Quel âge d'or pour la science !

Le dix-septième siècle trouva de nombreux éléments rassemblés, mais continua à marcher dans la voie superstitieuse qu'avaient adoptée ses devanciers en s'occupant des pierres sacrées, fines, médicinales, etc., jusqu'à ce que deux ouvrages, le livre de Lemery (1) et celui de Luidius (2) vinssent détruire pour toujours la philosophie d'Hermès et montrer à la science sa véritable route.

---

(1) Lemery. *Cours de Chimie*. Paris, 1677.
(2) *Ed. Luidii lithophilacii britannici ichnographia*, 1698.

C'est à cette époque que remontent : 1° l'invention
de la brouette (par Blaise Pascal), 2° l'heureuse idée
d'appliquer le microscope aux études minéralogiques,
3° l'examen sérieux de la forme des minéraux, la cris-
tallographie. En même temps une autre science, d'une
portée plus philosophique peut-être, la Paléontologie ou
science des fossiles, naissait sans bruit et déracinait sans
retour possible les conjectures ridicules enfantées jusqu'à ce jour à propos des fossiles disséminés en quantités
si prodigieuses sur le globe. Les *pierres figurées*, comme
on disait alors, ont été en effet l'objet des divagations
les plus énormes avant qu'on en arrivât à l'idée la plus
simple et la seule rationnelle sur leur formation, ou
plutôt leur dépôt, celle du soulèvement et de l'abaissement
des roches stratifiées par les phénomènes géologiques (1).

XV. Le xviiie siècle fut un bon temps pour la métallurgie. Il fut rempli par de nombreux et importants
travaux ; l'acier fondu fut découvert en 1751 par
Haussmann ; le platine et la magnésie firent leur apparition ; Romé de Lisle inventa le goniomètre ; Haüy, à
l'aide du clivage, disséqua, pour ainsi dire, toutes les
substances minérales cristallines ; Crawfort et Cruikshank

---

(1) « Cette étude (la paléontologie), qui depuis un demi-siècle a jeté
dans la circulation plus de faits et d'idées qu'aucune autre, est une science
toute française. Après avoir révélé, avec Cuvier, les innombrables générations d'êtres ensevelis dans les diverses couches du globe, et créé cette
grandiose histoire de la terre qui précède toutes les autres, elle vient,
par les découvertes faites à Abbeville et dans les grottes du Midi de la
France, de rattacher l'homme lui-même à cette antique histoire qui semblait n'avoir eu pour agents que les puissants pachydermes et les redouta-
bles carnivores disparus aujourd'hui de la surface de notre sol. » (*Extrait
du discours prononcé par le Ministre de l'Instr. publ. à la Sorbonne. —
Moniteur* du 28 avril 1867.)

découvrirent la strontiane ; W. Gregor le titane, Klaproth
l'urane et le zircone, Vauquelin le chrome et la glucine...
Turgot, Linné, Werner, Bergman, Cronstedt, Dolomieu,
Laplace, Berzélius, Fourcroy, Guyton de Morveau,
Lavoisier, Papin, Watt et tant d'autres génies créateurs
marquèrent d'un rayon lumineux leur passage à travers
l'humanité. Buffon, lui, fit faire peu de progrès à la
géologie : il ne construisit ici qu'un roman brillant,
revêtu de la pompe de son style, mais dont le fond est
contraire à l'expérience et à l'observation.

De Saussure, par ses observations sagaces, prépara
la voie à la géologie positive, et fut celui qui, dans ce
siècle, contribua le plus aux progrès de cette science.
Calcott, enfin, jeta les fondements du travail de Georges
Cuvier sur le cataclysme diluvien, en rassemblant les
traditions des diverses inondations qui ont bouleversé le
monde.

Les Chinois fabriquaient la porcelaine dure bien des
siècles avant nous. C'est seulement en 1769 qu'un chi-
rurgien de Saint-Yrieix (Haute-Vienne), Darnet, décou-
vrit en France le kaolin, et, dotant ainsi la France d'une
de ses grandes industries, permit à notre céramique
d'atteindre le degré éminent où elle est parvenue (1).

XVI Nous arrivons à l'époque actuelle ; mais ici
nous devons nous arrêter, en avouant notre impuissance
à donner même la plus sommaire analyse des travaux
si importants, si immenses, enfantés par nos ingénieurs, *ces modernes titans*, et nos sommités scientifiques, par MM. Humboldt, Arago, Biot, Gay-Lussac,

(1) Mémoire de Brongniart sur les kaolins.

Ampère, Poncelet, Morin, Babinet, Combes, Costes, Perdonnet, Becquerel, Delaistre, Elie de Beaumont, Fresnel, Dumas, Dufrénoy, Beudant, Brongniart, Murchison, Burat, Boucheporn, Chancourtois, Sainte-Claire-Deville, Leymerie, Pelouse, Frémy, Stevart, Tredgold, d'Orbigny, Stephenson, Ebelmen, Poloncceau, Laboulaye, Landrin, Percy, Et. Dupont, Oppermann, Rivot, Claudel, Gruner, etc., etc. (je cite au hasard, tant le groupe est nombreux et riche) ; travaux qui ont enfin élevé les sciences minéralogiques et géologiques au degré de développement où nous les voyons, et en ont fait en quelque sorte des sciences positives.

CHAPITRE II.

COUP-D'OEIL ÉCONOMIQUE SUR LES MINES
ET LES MÉTAUX.

XVII. Le nombre des minéraux connus s'est augmenté de siècle en siècle, celui des métaux, corps simples, a suivi une progression semblable (1). Grâce aux progrès incessants de la chimie, l'apparition ou la vulgarisation d'un métal nouveau ou mieux préparé n'est plus un fait

---

(1) Mais il n'y aurait rien d'imprévu à ce que la chimie moderne, avec les méthodes précises et les moyens énergiques dont elle dispose, arrivant à décomposer la plupart des corps considérés comme simples, réduisît à un très petit nombre les éléments véritables, c'est-à-dire les corps véritablement simples. Le rêve des alchimistes pourrait fort bien ainsi se réaliser en partie : on arriverait probablement à composer de l'or. La chimie nous a habitués à bien d'autres merveilles.

rare. Voilà qu'il se fabrique à Sheffield, en Angleterre, un nouveau métal, sorte d'acier fondu, connu sous le nom de *homogeneous metal*, qui sert pour les coques de bateaux et les chaudières à vapeur, et qui, travaillé d'une certaine façon, devient ductile comme le plomb, de sorte qu'à froid on peut l'écraser, l'aplatir presque comme une feuille de plomb; voilà tout récemment encore l'*aluminium* et le *magnésium* qui sont entrés dans l'industrie et par eux-mêmes ou par leurs bronzes sont destinés à devenir très usuels. Néanmoins, ces deux métaux, de même que beaucoup de ceux découverts au moyen-âge, comme l'antimoine, l'arsenic, le zinc, le manganèse, le cobalt, le bismuth, etc., ne semblent point appelés à un rôle aussi important que leurs aînés, l'or, l'argent, le cuivre, le fer, le plomb : la civilisation pourrait, à la rigueur, se passer de ces métaux secondaires, il n'en est pas ainsi des premiers si indispensables aux besoins et aux progrès de l'humanité.

XVIII. « Il y a diverses opinions entre les hommes,
» disait Gobet dans son livre, *Les anciens minéralogis-*
» *tes*, sur la commodité ou incommodité des métaulx :
» aucuns les estimant utiles et profitables, autres per-
» nicieux et nuisibles à l'homme, comme cause de
» meurtre, envie, larrecin, et de toute autre espèce de
» mal introduict au monde. Mais qui diligemment voul-
» dra esplucher ces deux opinions, il sera facile à iuger
» de combien il sont plus nécessaires que dommageables
» comme l'antiquité de l'vsage le faict assez cognoistre :
» car, avant que le fer, l'or, l'argent et autres métaulx
» fussent trouvés, le meurtre, l'avarice, l'ambition et

» tous autres vices régnoient entre les humains comme
» nous lisons de Caïn, premier homicide....... »

Pour nous, examinant à notre point de vue l'influence
des métaux sur l'humanité, nous pouvons la caractériser
d'un mot en disant qu'entre l'homme sans le métal et
l'homme doué de ce victorieux instrument, il existe au
moins la différence qui sépare le Bushman africain, dernier degré peut-être de l'espèce humaine, de notre
ingénieur le plus distingué.

XIX. Si le progrès dans son sens général peut être
mis en doute à certains points de vue, le progrès scientifique et industriel est aussi évident que la lumière du
soleil, et n'a, je pense, aucun besoin de démonstration.
Qu'il y a loin du puisatier arabe qu'on voit descendre au
très grand péril de sa vie percer au fond d'un puits du
Sahara la couche imperméable qui comprime l'élan de
l'eau, à nos foreurs de puits artésiens dont la sonde
intelligente pulvérise la roche la plus dure à des cen-
taines de mètres de profondeur; de la forge sauvage des
Papous, que nous décrit Dumont-Durville (1), à notre
marteau à pilon ; du cadran des pasteurs chaldéens au
chronomètre Bréguet; de la torche de résine au gaz
hydrogène et à l'éclairage électrique! Quelle éclatante
manifestation de la puissance de l'homme que l'appareil
à refouler l'eau par l'air comprimé (2), lequel permet de
creuser et bâtir profondément sous l'eau dans les terrains
les plus mouvants, et a seul rendu possible le pont de
Kehl sur le Rhin! Quoi de plus merveilleux que la

(1) Dumont-d'Urville. *Voyage autour du monde.*
(2) Inventé par un français, M. Triger.

locomotive, le télégraphe électrique, la photographie !
Quoi de plus féerique enfin que l'analyse spectrale, cette
découverte de MM. Bunsen et Kirchoff, qui, par l'inspection du spectre lumineux, arrive à nous faire connaître
la composition *chimique* des astres, de notre soleil entr'autres.

Eh bien ! tous ces résultats et tant d'autres ne sont-ils
pas dus à l'intervention des métaux ? C'est par eux que
nous avons pu développer complètement la faculté dont
nous sommes doués, de modifier, de compléter, en vue
de nos besoins, la création primitive, et c'est au développement successif de cette faculté, trop peu admirée (1),
que nous devons tous les moyens d'existence et de bien-
être, accumulés par notre race, et qui lui ont permis de
se multiplier mille fois plus qu'elle n'aurait pu le faire en
se bornant à vivre des productions spontanées de la
nature. C'est avec cette aide que nous sommes parvenus
à changer complètement, dans notre intérêt, les différentes espèces d'êtres vivants ; à substituer aux forêts et
aux plantes diverses dont une grande partie de la terre
était couverte sans préférence pour nos convenances, les
végétaux qui peuvent le mieux nous servir ; à empêcher
le développement de nombreuses espèces d'animaux nuisibles et à maîtriser, puis à multiplier à volonté toutes
celles que nous trouvons utiles. C'est encore ainsi que
nous sommes parvenus à fertiliser de grands espaces
stériles, à dessécher de nombreux marais, à assainir le
sol, à doubler sa fertilité par l'emploi raisonné de la
chaux ; à donner aux cours d'eau la mission de féconder

(1) Coquelin. *Dict. d'économie politique*, v° *Progrès.*

nos cultures, de mouvoir nos moulins, de nous transporter nous et nos produits ; à extraire régulièrement du
sein de la terre les métaux eux-mêmes, d'abord informes,
qui deviennent à leur tour les instruments tout puissants
de nos travaux et de nos échanges ; les gemmes ou
pierres précieuses dont le rôle économique n'est point
sans importance dans nos sociétés, sans parler du secours
qu'elles ont prêté au progrès de l'optique, de la cristallo-
graphie, etc. ; le pétrole dont l'exploitation a pris, depuis
quelques années, une si large extension ; la houille qui
alimente nos foyers et nos usines, et dont nous tirons et
le gaz d'éclairage et le *coaltar* aux mille produits ; à
arracher au flanc des montagnes et des rochers ces milliers d'édifices, de palais, de temples, de villes, de routes,
de canaux qui font l'orgueil de la civilisation : à découvrir dans la vapeur comprimée l'un des plus puissants
auxiliaires naturels ; à faire des mers et des vents l'un
des grands moyens de communication entre les populations dispersées sur le globe ; à trouver dans la force
magnétique le guide qui nous conduit à travers les
océans ; enfin, et pour terminer, en rappelant l'une de
nos conquêtes récentes les plus brillantes, à faire de
cette autre force mystérieuse que l'on nomme l'électricité,
le prestigieux messager qui transmet instantanément
notre pensée d'un continent à l'autre.

XX. Entreprendre, même avec le programme le plus
restreint, l'histoire économique des métaux, ce serait
entreprendre tout un traité d'économie politique : nous
ne pouvons que reculer devant une telle tâche, mais
nous devons au moins signaler ici quelques traits saillants, car il est du plus haut intérêt de voir combien les

métaux sont nécessaires au développement de nos facultés et combien leur multiplication croissante élève le niveau de l'humanité.

Les métaux dits précieux, grâce à leurs qualités exceptionnelles, rareté, inaltérabilité, poids, couleur, sont devenus les représentants exclusifs des valeurs, leur terme de comparaison et de mesure, et, par cette fascination qu'ils exercent plus ou moins sur chacun de nous, sont l'instrument des échanges, du crédit, des assurances, des caisses d'épargne, des sociétés de secours, *le nerf de la guerre*, ont été et continueront sans doute toujours à être le grand stimulant de notre activité. Comme exemple frappant de cette dernière faculté, nous n'avons qu'à nous reporter à cette conquête du Nouveau-Monde où une poignée d'aventuriers, excités par la vue du butin, suffit pour réduire des royaumes florissants et soumettre des populations innombrables ; à ce mouvement contemporain qui a entraîné vers les déserts de la Californie et de l'Australie une foule de spéculateurs de toutes les conditions, ivres jusqu'à la férocité, fouillant, sous l'empire d'une fièvre qui dure encore, les rochers et les sables, pour obtenir au prix d'un jour de souffrance une fortune qu'il leur répugne de demander à un travail long et régulier.

Depuis la charrue jusqu'à la machine à vapeur, le fer et le cuivre ont créé tous les engins agricoles et industriels.

Qui songera à nier les résultats immenses, bons ou mauvais de la navigation à vapeur, du télégraphe terrestre et sous-marin, des voies ferrées, de la marine blindée, du canon rayé, et de ce fusil à aiguille, dernière incarnation de notre manie homicide?

Quels changements imprévus s'opèrent à vue d'œil, pour ainsi dire, dans la situation des peuples, dans les relations internationales, par la réalisation de ces diverses découvertes!

Les arts de toute espèce, les sciences, les industries, naissent et prospèrent à l'aide des métaux : supprimez-les, et dites-nous ce que seront la chimie, la physique, l'imprimerie, l'architecture, la bijouterie, l'art maritime, l'agriculture. La médecine, elle aussi, tire un grand parti, et des eaux minérales, et d'un bon nombre de substances métalliques qu'elle introduit dans le corps humain, alors que toutes peut-être n'étaient point trop destinées à cet emploi. Quant à la chirurgie, on sait l'innombrable arsenal que lui fournit le seul acier.

XXI. Les mines nous font pénétrer dans l'intérieur de l'écorce terrestre et nous permettent d'en observer les dispositions ; c'est à elles que nous devons la connaissance des points les plus importants de la constitution et de la marche du globe ; c'est par elles qu'il a été possible de se rendre bien compte des révolutions qu'a éprouvées sa surface, des fouilles, des glissements de roches, des rejets, des plissements, et du grand phénomène du soulèvement des montagnes. Les mines ont découvert la succession des races perdues, des familles d'animaux inconnus qui ont habité la terre bien avant l'homme. Elles ont permis d'assigner aux divers dépôts géognostiques des âges différents, ce qui, joint aux restes fossiles qui forment les médailles du globe, a rendu possible une chronologie du monde, et a mis sur la première voie des annales de l'univers. C'est leur température qui nous a fait reconnaître l'étonnant phénomène de l'incandescence intérieure du globe et nous a fait pénétrer, pour la première fois, dans un des plus mystérieux moyens de création employés par l'Être suprême (1).

C'est par l'exploitation régulière des gîtes de minéraux, véritable richesse des nations avec l'agriculture, que l'on peut obtenir constamment du sol même de l'Etat les métaux, les combustibles, les matières salines, la chaux, etc., objets de première nécessité ; 2º ce genre d'industrie donne lieu aux plus ingénieuses applications de la science et de l'art, et entretient une population laborieuse dans les pays à mines, dont il est le plus souvent la principale ressource ; 3º par l'exploitation régulière des mines, un gouvernement assure l'activité de l'industrie manufacturière en général, et particulièrement celle des ateliers minéralurgiques, dans lesquels la main-d'œuvre porte les substances extraites du sein de la terre à la plus haute valeur qu'elles puissent atteindre ; 4º par là, enfin, un gouvernement vivifie une branche de commerce qui est la cause première de droits payés au trésor public, soit directement, soit indirectement, tant par les exploitants que par les fabricants, les marchands et les consommateurs des objets relatifs au règne minéral. Mais notons que la recette offerte par l'exploitation minière est la plus fugitive de toutes et disparaît bientôt sans retour, si le gouvernement ne prend un soin particulier pour en assurer la conservation, car, si les matières

(1) Flandrin. *Op. cit.*, vº *Mine*.

animales et végétales se reproduisent et se perpétuent par la volonté même de la nature que l'homme ne fait qu'aider et diriger à cet égard, il n'en est point ainsi des richesses minérales (1), dont les produits ne se renouvellent pas et souvent même restent enfouis pour toujours sous des travaux dont l'impéritie et la trop grande cupidité des exploitants a subitement entraîné la ruine (2).

Conduites avec sagesse et prévoyance, les exploitations de mines ne rendent habituellement, pour le capital engagé, que de médiocres intérêts ; elles offrent cependant un attrait irrésistible à ceux qui les dirigent et aux ouvriers mineurs associés par d'équitables combinaisons aux chances de profit. Cet attrait vient de l'attente de l'inconnu et de la lutte avec le hasard qui donne tant de charme aux chasses, aux pêches et aux cueillettes. Sous ce rapport, les mines donnent, à une disposition fort commune du cœur humain, des satisfactions qu'on ne saurait demander aussi légitimement aux loteries : de temps en temps, une riche découverte vient récompenser la modération et la persévérance du mineur en stimulant son ardeur et en l'excitant à de nouveaux efforts (3).

XXII. Notons ici en passant combien une erreur scien-

---

(1) Héron de Villefosse. *Richesse minérale,* p. 492 et ss. Ce même auteur fait observer aussi que, trop souvent, on se borne à considérer le produit net d'une exploitation comme la mesure de son importance, tandis que, selon ses idées, le résultat le plus essentiel des travaux de ce genre est sans contredit le produit brut, c'est-à-dire l'aliment que les mines offrent aux manufactures et au commerce du pays qui les possède.

(2) Blavier. *Jurisprudence générale des mines en Allemagne.* Passim.

(3) F. Le Play. *Réforme sociale.* 1867, 2e édition. p. 412.

tifique, peu importante en apparence, peut avoir d'influence sur le système économique d'une nation : la croyance à la renaissance spontanée et rapide des minéraux avait fait croire aux gouvernements des anciens que l'on n'avait pas besoin de veiller à la conservation des mines; aussi, doit-on peu s'attendre à trouver chez les Romains des lois protectrices de la richesse minérale telles qu'on en voit paraître chez les peuples modernes, à mesure que l'expérience les éclaire.

D'ailleurs, tout le monde sait que les anciens employaient à leurs travaux souterrains un nombre considérable d'esclaves et de condamnés, et que l'exploitation ne s'opérait du reste que par des procédés grossiers, et à peu de profondeur : aussi, les gouvernements ont dû ignorer longtemps la nécessité d'épargner les bras, d'améliorer le sort des ouvriers et de régler les droits des exploitants; en un mot, de perfectionner l'exploitation et la jurisprudence des mines. Obtenir promptement un produit net considérable, tel était l'unique objet d'une exploitation minérale chez les peuples antiques. C'est pourquoi l'on y voit les mines exposées à de grandes vicissitudes, tantôt très productives, tantôt entièrement délaissées, et cela dans un assez court espace de temps.

Leurs écrivains nous transmettent des détails merveilleux sur les quantités d'or et d'argent qui furent obtenues des mines à diverses époques; mais aucun d'eux ne s'attache (sauf Xénophon peut-être, qui a considéré les mines à quelques égards en homme d'État, dans son ouvrage sur les revenus publics, Πόρου ἤ περὶ προσόδων, section 10), aucun d'eux ne s'attache, dis-je, à nous faire connaître l'influence des exploitations régulières sur la prospérité du pays où il existait des mines si riches ; ils semblent même n'avoir pas eu l'idée d'envisager la richesse minérale autrement que sous le point de vue d'une avidité fiscale. Qu'auraient-ils pu raconter de ces déplorables victimes que la cupidité condamnait aux travaux souterrains, comme le rapporte Diodore de Sicile (1), « *si ce n'est que les ouvriers, haletants, consumés par la* « *fièvre, expiraient sous la verge ou se délivraient de* « *leurs bourreaux en se donnant la mort.* »

On remarque aussi dans Tacite combien la profession d'ouvrier de mines était encore ignoble de son temps, puisqu'il reproche à tout un peuple ce genre d'industrie : « *Gothini, quò magis pudeat, et ferrum effodiunt* (2)*!* » (V. § XXXIII.)

Les législateurs modernes, au contraire, ont reconnu combien il est avantageux à l'intérêt de tous d'attacher les ouvriers des mines et usines à leurs travaux par les liens de l'honneur et du bien-être, et aujourd'hui ces ouvriers sont retenus plus fortement dans leurs ateliers par l'amour seul de leur profession et un gain honnête, que ne pouvaient l'être les condamnés par les lois terribles des anciens : aussi, dans les pays de mines qui sont le mieux administrés, on trouve de nombreuses familles vouées exclusivement à l'exploitation et heureuses par elle depuis des siècles. « Si, suivant une » heureuse description, toutes les figures de l'expiation

---

(1) *Rerum antiq.* IV, cap. 2.

(2) Tacit. *Mor. germ.*

Aristote, lui, infiniment plus rationnel en ce cas, mettait l'exploitation des mines au premier rang après l'agriculture. V. *De curâ rei famil.*, cap. II.

» antique, toutes les attitudes de la souffrance et de
» l'épreuve semblent encore néanmoins se retrouver
» dans cet intérieur de la mine auquel la nuit donne le
» contour du merveilleux, entre les damnés que la
» mythologie plaçait dans le sein de la terre, et ces
» ouvriers mineurs, il y a la distance infinie d'un sup-
» plice à la dignité d'un service rendu (1). » Mais aussi
quel changement entre le sort de l'ouvrier d'aujourd'hui
et celui d'autrefois ! On peut en juger par ce simple
trait : un mineur dans l'antiquité gagnait de 15 à
48 centimes par jour, et valait comme esclave de 360 à
460 francs, tandis qu'à présent un houilleur gagne de
4 à 5 fr. par jour en France et en Belgique, et davantage aux États-Unis et en Angleterre (2).

XXIII. C'est aux mines de toute espèce, notamment
aux mines de houille, qu'on pourrait appliquer le mot
connu : *renovabunt faciem terræ*. La houille, en effet,
ce pain de l'industrie, donne presque toute son importance à la Belgique ; elle a fait la fortune du bassin qui
s'étend de Rive-de-Gier à Saint-Etienne ; elle a transformé Saint-Etienne qui, de simple bourgade au
xviie siècle, est devenu une ville de cent mille habitants.
Le Creuzot, grâce au charbon et au minerai de fer,
occupe plus de 20,000 ouvriers, formant un établissement auquel la Belgique, l'Angleterre, les Etats-Unis
n'ont rien de supérieur à opposer. La transformation n'a
pas été moins heureuse pour Saint-Chamond, Givors,

(1) *Revue des Deux-Mondes.* — *Des charbons de la Belgique,* t. IX,
p. 1180.

(2) Brochure par M. Menu de Saint-Mesmin : *L'ouvrier d'autrefois et
celui d'aujourd'hui.* Hachette, 1867. — Dureau de la Malle. *Op. cit.,*
I, 129.

Alais, Commentry, Anzin, Valenciennes et bien d'autres localités.

Le département de la Mayenne qui, en 1808, ne produisait pas le blé nécessaire à ses habitants, a vu, par suite du développement des houillères et de la fabrication de la chaux, ses cultures s'améliorer à ce point, qu'en 1841 il a produit plus de 1,400,000 hectolitres en sus de sa consommation (1).

« L'industrie minérale, dit M. Dunoyer (2), fomente » la culture des terres, donne naissance à des villes ou » provoque leur développement ; elle décide de leur » aspect, de leur physionomie, et influe d'une manière » notable sur le caractère de l'industrie, des habitudes, » de la civilisation. » Là où une mine est découverte une ville se fonde, et si le premier effet de la découverte, est de détourner de l'agriculture des bras qui, au début, trouvent dans les travaux de mines un salaire supérieur, la nécessité de pourvoir à des besoins naissants et un gain assuré pour la consommation locale, ramènent bientôt l'agriculteur auprès de l'industriel ; tant il est vrai que les industries agricoles et manufacturières vivent l'une par l'autre et se donnent forcément la main.

Les Anglais, qui exploitent la houille, ainsi que je l'ai déjà dit (§ XII), depuis le xie siècle au moins, attachent une telle importance à leurs houillères, leurs *pays noirs*, qu'ils les ont baptisées *Black Indies*, les *Indes noires*, et ne donneraient point ces Indes pour celles d'Asie et d'Amérique.

---

(1) Dalloz et Gouiffès. *Propriété des mines*, p. 18 et ss.
(2) Ch. Dunoyer. *Liberté du travail*, II, p. 130.

XXIV. En France, l'exploitation de la houille remonte au xive siècle. Dans le Forez, le sire de la Roche-Molière, en 1321, lève un cens sur ceux de ses vassaux qui exploitent le charbon terrestre ; chaque propriétaire foncier a le droit d'extraire la houille sur le terrain qui lui appartient, en payant la dîme au seigneur.

A la Renaissance, la houille fut traquée, poursuivie, exclue. Des ordonnances royales punirent d'amende les artisans qui en faisaient usage ; les médecins lui étaient hostiles et l'accusaient de vices imaginaires; *la Sorbonne l'excommuniait sous Henri II.* On conçoit, dès lors, que l'usage du combustible minéral ait été longtemps restreint au chauffage domestique, à la maréchalerie, à la cuisson de la chaux ; qu'il se soit répandu avec beaucoup de lenteur en raison de l'abondance du combustible végétal ; qu'il soit enfin intimément uni au développement de l'industrie.

La véritable histoire de la houille commence avec le xviiie siècle ; on dirait qu'elle est liée à l'histoire de l'esprit moderne, et, comme tout s'enchaîne, les mines de houille déterminent la création de la machine à vapeur, le premier moteur à feu ayant été conçu pour l'épuisement des eaux d'une houillère anglaise à la fin du xviie siècle. C'est à la houille qu'est due l'introduction en France de la première machine à vapeur, importée en 1734 pour faciliter les recherches de charbon dans le Nord ; c'est elle qui a engendré les chemins de fer par la construction de ces petites voies *à ornières* destinées à faciliter les transports intérieurs dans les houillères anglaises ; c'est la houille encore qui a provoqué la **construction de la machine locomotive appliquée d'abord** uniquement à la traction des wagons de charbon, car en Angleterre, en France, en Belgique, les premiers chemins de fer ont été faits pour desservir des mines de houille (1). C'est elle enfin qui a renouvelé la métallurgie et la céramique, par l'application du combustible fossile à la fabrication de la fonte, du fer, de l'acier, à la cuisson de la porcelaine, etc.

La houille, avec ses congénères, anthracite, lignite, etc., a suppléé le bois devenu de plus en plus cher; elle a paré aussi à l'impuissance et au nombre limité des travailleurs : le cheval-vapeur a remplacé l'esclave, la bête de trait, et comme il ne se fatigue jamais, qu'il est en activité jour et nuit, ne prend aucun repos, tous les moteurs animés du globe auraient peine aujourd'hui à suffire au travail qu'accomplit la vapeur.

C'est pourquoi la production de la houille dépasse toute limite (*); depuis un demi-siècle, elle double tous

---

(1) Lamé-Fleury. *Dictionnaire du commerce*, vᵒ *Houille*.

(*) Voici ce qu'elle a été en 1864, d'après l'ouvrage de M. L. Simonin (*Mines et mineurs*) :

Royaume-Uni. . . . . . . environ 100 millions de tonnes, sur quoi 9 millions seulement sont exportés.

Prusse.	17	
France.	12	
Belgique.	12	
Autriche.	4 5	52
Saxe.	2 5	
Italie, Espagne, Portugal, etc.	4	
Amérique du Nord.	17	
Autres pays du globe	3	

Total : 172 millions de tonnes. . . 172. Ce qui, en évaluant la tonne seulement à 15 fr., représente une somme totale de plus de deux milliards et demi, plus de deux fois la valeur des métaux précieux produits chaque année.

les quinze ans en Angleterre, en France, en Belgique;
tous les dix en Prusse; tous les cinq aux Etats-Unis.
Aussi, les économistes ont-ils les craintes les plus sé-
rieuses sur l'épuisement total des houillères d'ici à quelques siècles (1). Or, chacun prévoit les troubles qui
surviendraient dans le monde si la houille manquait tout
à coup : plus de lumière dans les villes, plus de feu dans
les usines et la plupart des maisons; tous les chemins de
fer arrêtés; les fabriques, les manufactures, presque
tous les ateliers, presque toutes les machines, bon nombre de navires, privés de l'élément essentiel, se verraient aussi condamnés au repos. La vie matérielle, une
partie de la vie intellectuelle, s'éteindraient comme
s'éteint, faute de nourriture, la vie du corps (2).

XXV. La production des métaux, comme celle de la
houille, fait chaque année des progrès si rapides que ces
progrès étonnent ceux même qui sont le plus au courant
des phénomènes industriels et économiques de notre
temps. L'introduction partout exigée de la machine à
vapeur et du *rail-way* a nécessité une telle consommation
de fer, de fonte, d'acier, et même de cuivre, de zinc,
d'étain, de plomb, que dans bien des pays la production
de ces métaux a doublé, et cela comme pour la houille
en moins de quinze ans.

(1) En septembre 1863, sir William Armstrong, président annuel de
l'Association britannique, démontrait que, dans deux siècles, toutes les
couches de houille du Royaume-Uni seraient entièrement épuisées, et le
fameux géologue Roderick Murchison a rappelé et confirmé ces calculs
en 1865.
Ces craintes font qu'aujourd'hui on s'attache partout à exploiter des
matières que l'on regardait naguère comme de qualité trop inférieure, et
que l'on en tire tout le parti possible afin d'économiser les gîtes meilleurs.
(2) L. Simonin. *Op. cit., passim.*

Le fer joue désormais le premier rôle dans la défense militaire. La fabrication en grand de l'acier, grâce aux inventions de Krupp et de Bessemer, change tout à coup l'art de la guerre, comme la machine à vapeur et l'hélice ont changé les relations internationales. La fonte, le fer, l'acier ! Ces trois métaux aujourd'hui sont partout : ils ont créé les routes nouvelles ; remplacé le bois dans la construction des navires qu'ils ont transformée, dans celle des planchers, des charpentes ; détrôné le bronze dans le moulage, la pierre dans l'érection des ponts, et des piliers qui soutiennent les édifices ; enfin, un nouveau genre d'architecture inconnu au monde ancien et provoqué par les exigences de la vie moderne a pris naissance grâce au fer (voir entr'autres les Halles centrales de Paris, le Palais de l'Exposition universelle de 1867, la bibliothèque Sainte-Geneviève, un grand nombre de ponts, etc.) ; aussi de 1815 à 1865, la production du fer en France a plus que décuplé ; de 1851 à 1861 elle a doublé.

Mais, constatons avec regret, car nous avons vu ces souffrances, qu'à mesure que la métallurgie se transforme, les petits établissements sont écrasés (notamment dans les départements de la Dordogne et de la Corrèze où ils étaient les grands consommateurs des bois si abondants dans ce pays et à peu près la seule industrie). Les affaires métallurgiques et minières se concentrent peu à peu au pouvoir d'une féodalité commerciale naissante qui monopolisera dans quelques mains puissantes la production de houille et de fer de tout un pays. Disons encore combien il est fâcheux de voir la qualité du fer diminuer à mesure qu'augmente la quantité produite.

« L'autorité publique, dit M. A. Clément (1), dans un
» article que je reproduis sans en accepter toutes les
» conclusions, étant libre de concéder à qui elle l'en-
» tend, il lui eût été très facile d'empêcher tout acca-
» parement en cette branche de production..... Mais le
» texte de la loi de 1810 a si mal rendu à cet égard les
» intentions du législateur, ou plutôt l'autorité s'est
» montrée si favorable à l'interprétation qu'il convenait
» aux spéculateurs de donner à cette loi, que l'on a pu
» réunir, accaparer les concessions que le gouverne·
» ment avait divisées, et supprimer ainsi la concurrence
» qu'il avait voulu garantir. Cela a été fait depuis long-
» temps pour les mines d'Anzin, qui, dans l'origine,
» avaient été divisées en dix ou douze concessions,
» devenues depuis la propriété d'une seule compagnie.
» Cela a été fait tout récemment pour l'important bassin
» houiller de la Loire qui fournit à lui seul près de la
» moitié du combustible minéral produit en France, et
» dans lequel le gouvernement, pour maintenir une con-
» currence suffisante, n'avait pas jugé devoir établir
» moins de 63 concessions rivales. Vers la fin de 1847,
» les sept huitièmes de l'exploitation effective de ce
» bassin houiller avaient été accaparés par une seule
» compagnie, la concurrence était déjà complètement
» annulée, et, malgré les réclamations unanimes des
» populations intéressées, le monopole fondé par cet
» accaparement subsiste encore.

» Les moyens de production ainsi monopolisés per-
» mettent, à ceux qui en disposent, d'élever le prix de

(1) *Diction. d'économie politique* de Coquelin, v° *Accaparement.*

» leurs produits bien au-dessus des frais de production
» et d'accroître en outre les bénéfices de l'entreprise par
» l'abaissement des salaires des ouvriers employés ,
» attendu qu'une entreprise qui n'a pas de rivale, au
» moins dans la même contrée, peut toujours mettre ses
» ouvriers dans l'alternative d'accepter ses conditions ou
» d'abandonner leur profession..... Tous les bénéfices
» obtenus se résolvent en accroissement de la valeur
» vénale des actions représentant des parts d'intérêt
» dans les entreprises. C'est ainsi que la valeur origi-
» naire des actions des mines d'Anzin a pu s'accroître
» généralement dans la proportion de un à dix. La seule
» perspective des bénéfices que promettait l'accapare-
» ment des mines de la Loire a pu faire monter en quel-
» ques mois des parts d'intérêts qui représentaient à
» peine 200 francs jusqu'à 1,150 francs : des fortunes
» considérables ont été fondées tout-à-coup par cette
» manœuvre.

» Des conditions, semblables à celles que l'on a faites
» à l'exploitation de nos mines de houille, ont favorisé
» l'accaparement dans les entreprises de forges..... Le
» même mode d'accaparement a été aussi pratiqué dans
» d'autres genres d'industrie et notamment dans les
» grandes entreprises de transport.

» Tous ces moyens d'accaparer certaines branches de
» production, de restreindre ou d'annuler la concur-
» rence, d'élever le prix des produits ou des services
» au-dessus de leur taux naturel, ne sont pas, comme
» on l'a dit, des conséquences de la liberté de l'indus-
» trie, ce sont, au contraire, des atteintes très positives à
» cette liberté, et elles devraient trouver leur répression

» dans une législation vraiment équitable et protectrice
» des intérêts généraux (1).

Ajoutons maintenant, selon une observation qu'a faite
un ingénieur des mines, M. de Commines de Marsilly (2),
qu'en tout cas, le danger signalé pour le bassin de la
Loire n'existe pas et ne peut pas exister pour les bassins
si importants du nord de la France qui ont à soutenir
la concurrence des houilles anglaises, belges et prus-
siennes, concurrence que les nouveaux traités avec
l'Angleterre et la Belgique peuvent rendre encore plus
redoutable.

XXVI. Les autres métaux communs, le zinc en particulier, ont, pour la plupart, suivi, dans leur chiffre de
production, les étonnantes phases que nous venons de
signaler pour le fer.

Quant aux métaux précieux, surtout à l'or, la Californie
et l'Australie ont donné, depuis 1848 et 1851, à elles
seules, une quantité d'or égale à celle que l'Amérique
entière avait produite pendant trois siècles et demi,
c'est-à-dire de sa découverte à 1848, dix milliards
environ.

On évalue à soixante milliards d'or et d'argent l'en-
caisse métallique disponible aujourd'hui sur le globe, et
entre les deux métaux précieux la proportion de 1 à 15
reste sensiblement la même depuis bien des siècles. Un
moment, cependant, on a cru que l'or allait remplacer
l'argent à cause de la fécondité des *placers* californiens,

(1) V. contre cet ensemble d'idées : Ed. Dalloz et Gouiffès. *Op. cit.*,
I, p. 287 et ss.

(2) Mémoire sur la situation commerciale des houilles du nord. 5ᵉ série,
t. XVII, p. 134.

australiens et russes ; un moment, quelques gouvernements de l'Europe, fidèles aux conseils des économistes,
songeaient à abaisser le titre de leur monnaie d'argent
pour rétablir, au moins d'une manière détournée, le
rapport uniforme du quinzième entre la valeur des deux
métaux, lorsque, tout-à-coup, l'argent est à son tour
découvert en 1859 par le peuple qui pouvait tirer le
meilleur parti des nouvelles mines, par les Américains
du Nord, sur le territoire de l'Utah : et déjà l'on retire
de ces gîtes autant d'argent qu'on extrait d'or de la
Californie (1). L'équilibre entre les deux métaux étalons,
que les hommes semblent impuissants à maintenir, s'est
donc rétabli instantanément. Etrange oscillation, rôle
mystérieux de l'or et de l'argent, que la nature semble
avoir réglé elle-même et dont elle modère à son gré les
écarts!

XXVII. D'après les appréciations que les recherches
faites jusqu'ici permettent de formuler (2), on peut considérer les ressources de notre pays en substances
minérales comme assez bornées, non que les gisements
en métaux soient précisément rares, mais ils ne se rencontrent généralement que dans des terrains accidentés,
« en veinules très minces, irrégulières, fréquemment in-
» terrompues (3); » aussi, les capitalistes se montrent-ils

___

(1) On sait aussi que, d'après les expériences de Malaguti et d'autres
chimistes, il a été reconnu que l'eau de la mer contient de l'argent. Un
américain, M. Tudd, a même calculé que l'Océan en contient *deux millions de tonnes en dissolution* (?). V. *Revue universelle des mines et de la
métallurgie*. Paris ; livraison de mars et avril 1860.

(2) Ed. Dalloz et Gouiffès. *Op. cit.*, p. 41 et ss. — Résumé des travaux
statist. de l'adm. des mines de 1853 à 1859 (dernier volume publié).

(3) *Ibid.*

timides, irrésolus à aborder au prix de plusieurs années
d'efforts et de sacrifices d'un résultat incertain, à leurs
yeux trop problématique, une exploitation d'ordinaire
coûteuse et difficile.

Mais, s'il en est ainsi pour les mines métalliques telles
que l'or, l'argent, le plomb, le cuivre, l'étain, il en est
tout autrement pour le charbon et le fer. De 1812 à
1859, le nombre des mines de charbon concédées s'est
élevé de 261 à 490, d'une étendue totale de 5,226 kilomètres carrés. Le nombre des mines de fer est de 202,
se répartissant sur 1243 kilomètres carrés. De 1854 à
1859, il a été créé 47 concessions nouvelles de charbon,
24 de fer, 49 de substances diverses, sel, schistes,
cuivre, étain, plomb, argent, zinc, antimoine, alun, etc.
Les concessions se rencontrent surtout dans les départements dont le sol est accidenté et où les révolutions
du globe ont amené, à diverses époques, des dislocations
ou mouvements de terrain. C'est sur l'emplacement de la
houille que se sont fondés presque tous les grands
établissements métallurgiques, la consommation sur
place facilitant l'extraction et diminuant le prix de
revient.

Le nombre des ouvriers employés dans nos diverses
exploitations a suivi, de 1853 à 1858, la marche suivante (1) : 1853, *195,293;* — 1854, *208,947;* —
1855, *224,513;*—1856, *232,644;* — 1857, *233,663;*
— 1858, *205,934.* Le nombre des accidents dans les
mines, autres que les houillères (et ils sont très soigneu-
sement constatés), a été de 88 pour 1858. Il y a eu

(1) Résumé des travaux de l'administration des mines de 1853 à 1859,
p. 399.

20 morts et 74 blessés. Ce qui établit, par rapport au nombre des ouvriers, la proportion de 0,0021 tués, — 0,0079 de blessés. Les années 1853 à 1857 donnent des chiffres analogues. Dans les houillères, les minières et les carrières, les accidents de toute espèce sont malheureusement plus nombreux ; mais cela tient seulement au plus grand nombre d'ouvriers, car la proportion entre le nombre des ouvriers et celui des accidents est plus faible en général.

XXVIII. Il conviendrait d'énumérer maintenant les principaux gîtes métallifères du monde et surtout de la France ; de calculer leur durée probable, leur importance comme consommation locale et exportation ; de suivre les perfectionnements techniques, tels que l'emploi de la vapeur, l'éclairage au gaz de la mine, la lampe électrique, le révèle grisou, le parachute, etc ; de dire quelques mots du corps si utile et si dévoué de nos ingénieurs des mines, de leurs travaux, de leurs devoirs ; de montrer le mineur lui-même en œuvre, avec ses croyances, ses superstitions, son courage calme dans son laborieux combat de chaque jour contre l'inconnu ; de pénétrer enfin dans l'intérieur d'une mine en décrivant un de ces voyages qui offrent au prix d'un peu de fatigue et d'un danger qui n'est point sans attrait, un intérêt si saisissant... Mais en me lançant sur cette voie, je courrais le risque de faire d'une simple introduction la partie principale de mon opuscule. Afin d'éviter cet écueil, je renvoie donc pour toutes ces intéressantes notions aux ouvrages spéciaux, tels que la *Houille*, de Burat ; le *Terrain houiller de France*, par Dufrénoy et Elie de Beaumont ; la *Lithologie ou les minéraux et les roches,* de Blum ; les *Annales des mines ;* la *Statistique de l'industrie minérale ;* l'*Enquête métallique de 1860 ;* le *Monde souterrain ou mines et mineurs,* de Simonin ; la *Fortune publique,* par Paul Boiteau ; les *Populations ouvrières,* par Audiganne ; des *Articles publiés en 1857,* par M. Le Play, ingénieur en chef des mines, sur les travaux, la vie domestique des ouvriers mineurs ; les *Ouvriers mineurs,* de M. Le Play ; l'*Hygiène des mineurs,* par le docteur Riembault ; les *Houilleurs de Polignies,* par Elie Berthet ; les *Légendes sur les mines,* par Georges Agricola, etc. (1), et j'arrive, sans plus m'attarder à la partie juridique de mon travail, en commençant par le droit romain.

(1) V. aussi Proudhon. *Contradict. économiques,* I, p. 217 et 317, à propos du droit de coalition. — Blavier. *Jurispr. genér. des mines en Allemagne,* II, p. 416 et ss. — Héron de Villefosse. *Richesse minérale.*

DEUXIÈME PARTIE.

DROIT ROMAIN.

XXIX. Cette partie, divisée de la même façon que
l'était le droit chez les Romains, selon la classification
d'Ulpien reproduite par Justinien (1), comprendra deux
chapitres. Le premier sera consacré au *jus publicum* des
mines, c'est-à-dire au droit qui *ad statum rei romanæ
spectat :* nous trouverons là, autant que possible, les
règles concernant l'organisation administrative de la
propriété des mines, les attributions et la manière de
procéder des différentes autorités, les rapports des particuliers avec ces autorités, etc. Le second chapitre con-
tiendra les règles que nous pourrons recueillir sur le
jus privatum des mines, c'est-à-dire ce qui, en cette

---

(1) Demangeat. *Droit romain,* p. 13 et ss. Fr. 1, § 2, D. *De jure et
Justitiâ,* I, 1. — § 4, Instit., *eod. tit.*

matière, *ad singulorum utilitatem pertinet,* ce qui est destiné à régler les rapports des particuliers entr'eux, à prévenir ou à trancher les différends qui pourraient s'élever entre personnes privées.

Cette division me paraissant avantageuse, je la conserverai quand j'arriverai au droit français, tout en avertissant dès à présent qu'elle ne peut être absolue, et, qu'à moins de redites, plus logiques peut-être, mais à coup sûr ennuyeuses, il se produira nécessairement çà et là quelques empiètements d'un chapitre sur la matière du chapitre voisin.

CHAPITRE I.

PRÉLIMINAIRES. — DE LA PROPRIÉTÉ DES MINES AU POINT DE VUE DU DROIT ADMINISTRATIF CHEZ LES ROMAINS.

XXX. Comme il est vraisemblable que pendant assez longtemps les anciens se bornèrent à des exploitations superficielles, on a lieu de penser que le droit d'exploiter les substances minérales fit longtemps partie de la propriété des terrains (1).

On sait cependant que les mines d'or que possédait la monarchie égyptienne sur les confins de l'Arabie et de l'Éthiopie étaient exploitées pour le compte du souverain;

(1) Héron de Villefosse. *Richesse minérale,* p. 492 et ss. — Reitemeier. *Histoire des mines chez les Romains,* p. 63 et ss.

il en était de même des mines d'or, d'argent et de cuivre, ouvertes dans la Chaldée et dans l'Assyrie (1).

Chez les Grecs, on distingue trois époques relativement à l'exploitation minière. Pendant la première, cette industrie était en activité dans les îles de la Méditerranée, où l'on croit que les travaux avaient été entrepris par les Phéniciens pour le compte des souverains de ces contrées. L'île d'Eubée était célèbre par ses mines de fer, comme l'île de Chypre par ses mines de cuivre, et celle de Thaso par ses mines d'argent, qui, au rapport d'Hérodote, étaient d'un revenu considérable pour le trésor public (2).

La seconde époque commence au temps de Solon (600 ans av. J.-C.). Il existait alors des mines d'or dans la Thessalie, de fer dans la Béotie, d'argent et d'or dans l'Épire, dans la Lydie, la Thrace, l'Attique (3).

Pendant la troisième époque, vers le temps d'Alexandre-le-Grand, environ 350 ans av. J.-C., l'on exploita dans la Macédoine de nouvelles mines qui, par la suite, tombèrent, ainsi que toutes celles de la Grèce, au pouvoir de Rome.

On sait peu de chose sur l'état des mines chez les Grecs dans le cours de la première époque; les deux autres méritent plus d'attention.

Xénophon rapporte que de son temps, 400 ans environ av. J.-C., le gouvernement d'Athènes était en possession de concéder les mines soit aux citoyens, soit

---

(1) Diod. sicul. *Rerum antiq.*, III. — Hérodot. III, art. 97.
(2) Eod. II, 46.
(3) Reitemeier. *Op. cit.*, p. 63 et ss.

aux étrangers (1). La république exerçait à cet égard un véritable droit régalien.

Quiconque voulait entreprendre l'exploitation d'une mine d'argent chez les Athéniens, était tenu de faire sa déclaration devant les *Polètes*, officiers publics préposés à cet effet, de se faire inscrire, d'obtenir une permission analogue aux concessions qui ont lieu chez nous, et de payer au trésor la vingt-quatrième partie du produit brut de ses travaux (2).

Le droit de l'État était tellement absolu, que si l'exploitant ne satisfaisait pas à ses obligations, la concession revenait au fisc qui la mettait à l'encan (3).

Le permissionnaire qui négligeait de faire une déclaration, était puni comme coupable de *mine non enregistrée*, ἀγράφου μετάλλου δίκη, dit Xénophon.

Une loi s'exprimait ainsi : tout homme qui en empêchera un autre d'exploiter les mines, ou qui lui portera dommage dans ses travaux ; tout exploitant qui s'étendra au-delà de ses limites, sera jugé comme coupable en matière de mines.

Le contrevenant comparaissait devant l'archonte ; l'affaire était instruite par des préposés particuliers. Démosthène fait mention d'une jurisprudence spéciale concernant les travaux souterrains et les hommes qui s'y livraient (4).

Dès le temps de Thémistocle, et même d'après son avis, on avait cessé de partager le produit brut des

---

(1) Xénophon. *Revenus publics*, sect. 8.
(2) *In leges atticas*. Petit, 1635. — Et Héron de Villefosse, *loc. cit.*
(3) Peyret-Lallier. *Législat. des mines*, I, p. 6.
(4) Discours contre Pantainète.

mines entre les citoyens. Au temps de Xénophon, c'était une partie considérable des revenus publics; enfin, à l'époque de Démosthènes, le gouvernement modéra la redevance imposée aux mines, et encouragea les particuliers à mettre celles-ci en valeur sous la surveillance de ses préposés.

Quant à l'exploitation des mines de la Macédoine, elle avait lieu, du moins en grande partie, pour le compte du souverain qui en retirait un fort revenu. Philippe, troisième du nom depuis le règne d'Alexandre, vers l'an 187 av. J.-C., augmenta, dit Tite-Live (1), les revenus de la couronne, non-seulement par l'impôt territorial et les douanes, mais encore par l'exploitation des substances minérales. Il rouvrit d'anciennes mines, dont les travaux avaient été suspendus, et en fit exploiter de nouvelles en beaucoup d'endroits.

XXXI. Chez les Romains, on peut distinguer aussi trois époques dans l'exploitation minière, car la législation romaine a varié selon le temps et selon les mœurs du peuple qu'elle régissait : la première allant de la fondation de Rome à l'avènement de l'Empire; la seconde de l'Empire à Constantin; la troisième jusqu'à l'empereur Léon VI, dit le Philosophe, qui publia vers la fin du IXe siècle le Code de lois, connu sous le nom de *Basilicæ constitutiones*. Mais, comme une distinction rigoureuse entre ces trois époques serait sinon impossible, du moins fort difficile et obligerait à des répétitions fréquentes, je me contente de signaler cette division en

(1) Tite-Live. Livre XXXIX, cap. 24.

l'observant autant que possible dans l'ordre des matières, sans m'astreindre à la suivre de trop près.

Je ferai remarquer de plus que, dans tout ce chapitre, l'archéologie et le droit vont être obligés de marcher de front en se prêtant un mutuel appui, ceci à cause de la rareté des monuments législatifs que nous ont transmis les Romains sur leur administration minière, disette qui nous oblige à recourir sans cesse aux littérateurs, si nous voulons ne pas laisser apparaître de lacunes trop énormes. Il est vrai qu'à Rome le droit était tellement passé dans les mœurs, tellement imprégné dans l'esprit public, qu'au fond de chaque auteur on trouve plus ou moins le jurisconsulte, de sorte que nos excursions littéraires, tout en éclairant et en élargissant notre sujet, ne nous éloigneront point du champ juridique que nous avons à parcourir.

XXXII. Si les Romains avaient des mines au début de leur histoire, elles devaient être peu considérables ; les géologues savent, en effet, que les rives du Tibre ne sont point un pays de mines (1) ; dès lors, rien d'étonnant qu'il ne soit pas fait mention du droit de les exploiter dans les fragments qui nous restent des Douze-Tables. Il est facile de reconnaître que dans les lois postérieures de la République romaine où il est question de l'exploitation de substances minérales, on trouve principalement énoncés la craie, la pierre à bâtir, le marbre, la chaux, la terre à poterie, le sable, en un mot les substances rarement métallifères dont est composé le territoire de l'Italie,

---

(1) Léopold de Buch. *Observ. philosophiques.* — H. de Villefosse, *loc. cit.* Les principales productions minérales de l'Italie sont le soufre et l'alun.

et dont l'exploitation totalement libre est sujette à bien moins d'inconvénients que celle des mines abandonnée au caprice des particuliers. Aussi, les ouvrages modernes de géologie et les anciens écrits de jurisprudence semblent s'accorder pour rendre raison du silence des premières lois romaines, à l'égard *des mines proprement dites*; en outre, à cette époque, et disons-le, nulle part dans l'antiquité, on ne voit cet accroissement du commerce, cette prodigieuse prospérité industrielle qui, devenant la source de la richesse nationale, forcent le législateur à jeter un regard protecteur sur l'un des objets qui ont le plus contribué à son développement. Pline rapporte, à la vérité, que l'on exploitait des mines de cuivre en Italie, principalement dans la Campanie (et les nombreux passages cités par Niebuhr, Boeckh, Heyne, attestent l'existence d'une grande quantité de cuivre brut ou frappé en circulation dans l'Italie soumise aux Romains, du Ier au Ve siècle de la République); Tite-Live fait mention, ainsi que Virgile, des mines de l'île d'Elbe, qui étaient creusées par les habitants de la ville de Populonium; Strabon parle des mines de Verceille qui étaient exploitées, en Piémont, par les Romains (1); mais rien ne donne lieu de croire que ces exploitations fussent en activité dès cette première époque (2), et plusieurs auteurs exacts ne parlent pas

_____

(1) Pline. *Hist. nat.*, III, art. 20; XXXIII, art. 34; XXXVII, art. 12. — Tite-Live, XXVIII, art. 45. — Strabon, IV.

(2) « L'on a beaucoup exagéré l'antiquité de certains travaux de mines, » dit Georges Cuvier dans son Discours sur les révolutions de la surface » du globe. Un auteur tout récent a prétendu que les mines de l'île » d'Elbe, à en juger par leurs déblais, ont dû être exploitées depuis » *quarante mille ans;* mais un autre auteur, qui a aussi examiné ces

de celles que Pline indique dans l'ancien territoire des Romains. Il est même remarquable que Pline, tout en assurant que l'Italie était riche en minerais de fer, rappelle que la *sagesse des anciens sénateurs* y a défendu l'exploitation des mines ; sans cette circonstance, ajoute-t-il, l'Italie ne le céderait sur ce point à aucun pays : *Italiæ parci, vetere interdicto patrum, diximus ; alioquin nulla fecundior metallorum quoque erat tellus* (1). Cette interdiction fut probablement prononcée au ivᵉ siècle de Rome, à l'époque des premières lois somptuaires ou des lois liciniennes. Les Romains abandonnèrent leurs mines indigènes pour les gisements plus féconds des terres conquises, telles que l'Espagne, la Macédoine, l'Illyrie, la Grèce, l'Asie, l'Afrique et la Sardaigne, pays qui jetèrent en Italie beaucoup de métaux précieux.

XXXIII. Denys d'Halicarnasse (2) témoigne que, par les lois de Romulus et de Servius, tous les métiers, le commerce, le colportage, étaient déclarés honteux, dévolus aux étrangers, aux esclaves, et interdits aux citoyens romains qui n'avaient que deux emplois, l'agriculture et les armes. Il est hors de doute que ces lois

» déblais avec soin, réduit cet intervalle à un peu plus de *cinq mille* » *ans* (V. M. de Fortia d'Urban : *Histoire de la Chine avant le déluge* » *d'Ogygès*, p. 33) ; et encore, en supposant que les anciens n'exploi-» taient chaque année que le quart de ce que l'on exploite maintenant. » Mais quel motif a-t-on de croire que les Romains, par exemple, tiras-» sent si peu de parti de ces mines, eux qui consommaient tant de fer » dans leurs armées? De plus, si ces mines avaient été en exploitation » il y a seulement *quatre mille ans*, comment le fer aurait-il été si peu » connu dans la haute antiquité ? » (G. Cuvier. *Op. cit*, p. 177.)

(1) Plin. *Hist. nat.*, XXXIII, cap. 21. — Jacob. *Precious metals*, I, p. 84, ss.

(2) *Ant. rom.*, II et IX. Ed. Sylb.

furent modifiées à mesure que s'accroissaient le territoire et les richesses de la République, mais le préjugé subsista dans toute sa force. Cicéron le prouve indubitablement dans son traité *De Officiis* (1), où il expose quels sont les profits regardés comme libéraux et ceux considérés comme sordides : « Tous les ouvriers, en général, » dit-il, exercent une profession vile ; il ne peut rien » sortir de noble d'une boutique ou d'un atelier..... Le » petit commerce est regardé comme une profession » dégradante ; *le commerce en grand n'est pas extrême-* » *ment blâmable,* — *non est admodum vituperandus.* » Nous avons vu précédemment (§ XXII) l'opinion de Tacite sur les mineurs ; Tite-Live et Cicéron nous apprennent, en outre, qu'il n'était pas permis à un sénateur de faire construire un vaisseau pour son usage : *leges vetant....,* et la transgression de cette loi était rangée parmi les *magna crimina.* Les préjugés et l'opinion publique semblaient avoir ainsi uni leurs efforts et s'être, en quelque sorte, concertés dans le but d'empêcher ou détruire, en Italie, la production des richesses : il est évident, dès lors, que l'exploitation des mines, comme toute autre industrie, dut être abandonnée aux mains des esclaves et des condamnés, et c'est en effet ce qui eut lieu, ainsi que nous le verrons bientôt.

XXXIV. On appelait *metalla, in genere,* non seulement les mines d'or, d'argent, de cuivre, de fer, de soufre, mais encore les carrières de pierres à aiguiser, celles de craie, et les salines (2). Le terme de *metallum, metalla,*

(1) Cicér. *De officiis,* I, 42.
(2) Fr. 9, § 2, D. VIII, 1, *De usuf. et quemad.* — Cujas. *Observat.,* XV, 21. — Poleni thesaurus, vol. I. — Apul. *De asino,* 9.

avait ainsi à peu près la même signification que le mot *mines*, pris *sensu lato* dans notre loi du 21 avril 1810 ; il servait, en outre, à désigner une substance minérale quelconque. Il en était de même du mot μέταλλον chez les Grecs (1).

Les mines ou *metalla* se divisaient en deux espèces : celles publiques ou fiscales, et celles privées, c'est-à-dire celles appartenant à l'État et celles appartenant aux particuliers.

Sous la République, l'exploitation paraît avoir été le plus ordinairement abandonnée aux particuliers, sauf une rétribution ou redevance payée à l'État ; *erant privati juris et in libero privatorum usu et commercio* (fr. 7, § 13, D. *sol. matr.*) ; sous l'Empire, genre de gouvernement qui faisait prédominer en toutes choses le droit social sur les droits individuels, ce fut l'inverse qui eut lieu, et les empereurs s'emparèrent fréquemment de cette sorte de biens (*plurimis etiam civitatibus et privatis veteres immunitates* ET JUS METALLORUM *ac vectigalium adempta,* nous dit Suétone) (2), dont la nature prête plus aisément à l'équivoque que la propriété de la superficie. Ils s'emparèrent surtout des mines d'or comme étant les plus fructueuses (3) ; il resta cependant des mines d'or aux particuliers, mais grevées de lourdes taxes.

XXXV. Les mines appartenant à l'État ou au fisc étaient exploitées par des mineurs, *metallarii*, affectés à

(1) On voit une liste des mines connues de l'antiquité dans Cariophilus : *De antiquis auri, argenti, stanni, æris, ferri, plumbique fodinis.* Vienne, 1757.

(2) Sueton. *Tiber.*, 49.

(3) Serrigny. *Droit public et adm. romain,* nᵒ 875. — Strabo, lib. III.

ce genre de travail, eux et leur postérité, à raison de leur seule origine et en dehors d'aucun méfait de leur part, sans qu'ils fussent libres d'abandonner cette profession (1). C'était, du reste, là, une règle commune à plusieurs métiers (*).

D'un autre côté, des coupables étaient condamnés à ce genre de travail, à titre de peine, même à perpétuité (2) : *ad metallum*, ou *in opus metalli*, deux degrés de pénalité entre lesquels il existe une différence que nous signale Ulpien (3) : *Inter eos qui* IN METALLUM, *et eos qui* IN OPUS METALLI *damnantur, differentia in vinculis tantum est, quod qui in metallum damnantur, gravioribus vinculis premuntur ; qui in opus metalli, levioribus : quodque refugæ ex opere metalli in metallum dantur ; ex metallo graviùs coercentur.* Les condamnations aux mines étaient ordinairement à perpétuité. Paul, dans ses *Sentences* (livre V, titre 17), nous apprend que les mines étaient une des peines *mediocrium delictorum. Summa supplicia*, dit-il, *sunt : crux, crematio, decollatio. Mediocrium autem delictorum pœnæ sunt,* METALLUM, *ludus (gladiatorius), deportatio ; minimæ, relegatio, exsilium, opus publicum, vincula.* Lorsqu'elle était perpétuelle, la condamnation aux mines rendait *servus pœnæ* et

---

(1) Cod. th. F. 5, 6, 9, 15, *De metallis.* — Cod. just. F. 7, h. t.

(*) M. Esquiros (*Revue des Deux-Mondes*, n° de décembre 1859, — *Salines du Cheshire*), cite un fait curieux et qui prouverait la longue persistance des institutions : c'est que jusqu'en 1776 les ouvriers en sel, ainsi que les hommes employés dans les mines de charbon de terre du comté de Cheshire, en *Angleterre*, étaient esclaves.

(2) Cod. th. F. 2, *De pœnis.* F. 2, *De lenonib.* F. 10, *De heretic.* F. 8, § 4 et 5, et F. 17, Pr. D. *De pœnis*, XLVIII, 19. F. 6, XLIX, 15, *De capt. et postlim.*

(3) Ulp. F. 8, § 6, *De pœnis.* — M. Humbert, à son cours.

faisait perdre à la fois la liberté et le droit de cité : c'était une *maxima capitis deminutio* (1) : *Et si quid eis testamento datum fuerit, pro non scriptis est, quasi non Cœsaris servo datum, sed pœnœ* (Marcien) (2). Justinien apporta un adoucissement en cette matière : d'après la Novelle XXII, cap. 8, l'individu condamné *in metallum* (et *à fortiori* le *damnatus in opus metalli*) ne devient plus *servus*, ce qui a notamment pour conséquence de laisser subsister son mariage, *utpote inter liberas personas consistens* (3).

À juger de la fréquence de cette peine par les textes qui en font mention, on peut conjecturer qu'une partie très notable des travaux souterrains était faite par des condamnés. Lorsqu'il n'y avait pas de mine dans une province, on dirigeait les condamnés vers une autre province où il en existait : *Metella autem multa numero sunt et quœdam quidem provinciœ habent, quœdam non habent : sed quœ non habent, in eas provincias mittunt, quœ metella habent* (4).

Les femmes étaient condamnées à ce genre de travaux de même qu'aux salines (5). Les condamnés étaient marqués d'un signe particulier, comme chez nous les forçats avant la loi du 28 avril 1832. Cette marque se mettait sur les *mains* et les *jambes* et non sur la face, de peur, dit Constantin, *que la figure faite à la ressemblance de la beauté céleste n'en soit souillée* (6).

---

(1) F. 8, § 4, D. *De pœnis*. F. 5, § 3, D. *De extraord. cogn.*, L. 13.
(2) Marcian, F. 17, Pr. D. XLVIII, 19, *De pœnis*.
(3) Demangeat. *Droit romain*, p. 151.
(4) F. 8, § 4, D. *De pœnis*.
(5) F. 8, § 8, h. t. F. 6, D. *De captivis*, XLIX, 15.
(6) C. th. F. 2, *De pœnis*.

XXXVI. Pendant la République, nous l'avons déjà dit, l'Etat ne réclama aucun droit exclusif sur les mines. Il ne possédait la propriété que des plus importantes dans la plupart des provinces, par exemple, celle des mines d'or de Vercella dans la Gaule transpadane ; des mines d'argent de Carthagène, en Espagne, qui, selon Polybe, cité par Strabon (III, p. 147), embrassaient un terrain de 400 stades, 12 lieues de circonférence, employaient 40,000 hommes et donnaient par jour 25,000 drachmes, ce qui ferait près de 9,000,000 de francs par an (1) ; des mines d'or et de cuivre dans la Macédoine, qui avaient été fermées lors de l'institution de la province et rouvertes un peu plus tard, en 158 av. J. C. (2). Ces *metalla*, qui avaient été productifs pour les rois de Macédoine, étaient alors affermés moyennant un *vectigal annuum*. Il y avait aussi des mines de cinabre et de plomb en Bétique (3), et beaucoup d'autres qui, louées à des Publicains, donnèrent un grand revenu à l'Etat (4). On aliénait même parfois des mines de l'Etat au profit de particuliers, comme cela eut lieu pour des mines de cuivre, en Espagne, d'après Strabon (5).

Une grande partie des salines appartenait à l'Etat, l'autre à l'industrie privée (6). Ces dernières étaient-elles

---

(1) Plin. *Hist. nat.*, XXXIII, 45, 78. — Polyb. *Apud strab.*, III.

(2) Tit.-Liv., XLV, 18, 24, 29. — Napoléon III, *Hist de César*, I, 2.

(3) Tit-Liv., XLII, 12, 52 ; XLV, 10.

(4) Beaucoup de ces détails et de ceux qui suivent sont empruntés au *Handbuch der römischen Alterthümer*, de Becker Marquardt. Leipsig, 1857, II, 1re partie. Traduction de M. G. Humbert.

(5) Strabon, III, p. 148.

(6) F. 9, § 2, D. VII, 1, *De usuf. et quem.* — F. 5, § 1, XXVII, 9, *De reb. eorum qui.* — F. 32, § 3, XXXIII, 2, *De usu et usuf.* — F. 4, § 7, L. 15, *De censibus.*

bornées à l'usage du maître à cause du monopole du sel, ou du moins à l'usage de Rome ou de la province? On l'ignore, pour l'époque de la République.

Il y avait des mines d'or appartenant à des peuples sujets, comme celle d'Aquilée, aux Taurini, attribuées à l'Etat du temps de Strabon ; d'autres appartenaient à des particuliers (1). Il y avait surtout des mines d'argent, en Espagne, que les riches particuliers s'empressaient d'exploiter, et l'opulent Crassus en possédait de cette nature (2). Les provinciaux avaient gardé aussi des mines de plomb et de cuivre en Macédoine,

Les possesseurs de mines privées payaient, à ce sujet, un impôt assez élevé, dont le taux n'est pas connu, pendant la République ; cependant il parait, qu'en général, le produit en était plus fort que celui des mines affermées à des publicains. C'était, dit M. J.-J. Clamageran, un impôt foncier d'une nature particulière (3).

XXXVII. La plus ou moins grande pression de l'impôt influant beaucoup sur la prospérité des mines, peut-être devons-nous présenter quelques notions sur cette partie des revenus publics à Rome et sur la composition du trésor public.

Il n'y eut que peu d'impôts sous les rois. Ils étaient payés en nature, excepté le produit de la vente du sel, dont Ancus Marcius se réserva le monopole quand il eut fait la conquête d'Ostie (4). L'impôt en nature se nommait *vectigal*, *a vehendo*, dit Varron, parce que l'obliga-

---

(1) Tacit. *Annal.*, VI, 19.
(2) Diod. V, 36. — Plutarq. Crassus, 2.
(3) J.-J. Clamageran, *De l'impôt en France*. 1867.
(4) Dur. de la Malle. *Op. cit.*, II, 407.

tion de transporter les denrées à un lieu fixé par le
gouvernement, était toujours jointe à cette nature d'im-
positions. Plus tard, la signification de ce terme s'étendit
et comprit d'abord les revenus indirects; puis enfin toutes
les sortes de revenus qui entraient dans le trésor public.
Le recouvrement de ces impôts était affermé aux enchères publiques, aux sociétés *vectigalis* formées par les
Publicains. Ces sociétés étaient des êtres moraux ayant
des biens distincts de ceux de leurs membres (1).

La source principale de l'impôt direct était le sol cultivé. Les fonds de terre des provinces étaient astreints
à payer une quote-part de leurs produits, qui servait à la
nourriture soit de la population de Rome, soit des nombreux soldats sous les drapeaux (2).

Le *Canon frumentarius* était une sorte de matrice des
rôles qui réglait ce que chaque province devait payer
par année. Il fut exécuté sous Auguste (3).

Les villes comme les provinces avaient, de même que
l'État, leur domaine public, leurs revenus particuliers,
ainsi que le prouvent les lettres de Pline adressées à
Trajan, et les réponses de ce prince.

A l'époque de Constantin, suivant M. Walter (4), le
trésor public ou *fiscus* se divisait au point de vue administratif en deux branches : le trésor impérial ou *œrarium sacrum*, et le trésor de la couronne, *œrarium
privatum*, ou *privatœ largitiones*. En outre, les préfets du
prétoire avaient une caisse spéciale, *arca prœfecturœ*,

---

(1) F. 9, D. *De publicanis*, XXXIX, 4.
(2) Dur. de la Malle. *Op. cit.*, II, 423.
(3) Burmann. *Vectig. pop. rom.*, C. III, p. 28.
(4) Walter. *Gesch*, I, n° 405.

dont l'organisation n'est pas bien connue encore (1). Le trésor impérial était placé sous la direction du *comes largitionum,* ayant sous ses ordres les *comites largitionum* des diocèses, qu'on nommait *comites italicianorum, gallicianorum* (2).

Il y avait en outre, plus bas dans la hiérarchie, des *procuratores* ou *rationales summarum,* des *præpositi thesaurorum,* etc.

L'autre branche du *fiscus,* c'est-à-dire le domaine de la couronne, était soumis à la direction d'un *comes rei privatæ,* autrefois appelé *magister.* De ce fonctionnaire ressortissaient, indépendamment d'un *officium* considérable, des *rationales* et des *procuratores* placés dans les provinces. On trouve aussi mentionnés dans les lois, à côté de ces agents, des *magistri rei privatæ.* Les *rationales* avaient également un *officium* dont les *cæsariani* faisaient partie (3).

Les ressources de ce trésor, ou *res privata,* se composaient notamment de biens provenant de l'ancien *ager publicus;* ces domaines étaient en partie confiés à des colons, en partie affermés à temps ou à titre d'emphytéose, sous le nom de *fundi rei privatæ* (4); quelquefois ils étaient affectés au pâturage. En outre, la *res privata* comprenait des domaines spécialement destinés aux be-

(1) M. Humbert, à son cours. — C. 1, Cod. th. *Qui a præb,,* XI, 18. — Nov. Mag., tit. 7, § 16, *De curialibus.* — Nov. Theod., t. 17, c. 2, § 4. — Nov. Mag., tit. 2, *De ind. relig.,* § 1. — Nov., 130, C. 3.

(2) M. Humbert, à son cours. — Boecking, *Notit. dignit. occident.,* p. 340.

(3) Cod. th., I, 11. — Cod. just., I, 33, 34. — Cod., th.. X, 1. — Cod. th., C. 2, *De jure fisci.* — C. 1 et 2, Cod. th. *De Cæsar.* X, 7.

(4) M. Humbert. — C. th., V, 14; X, 3, 4, 5; XI, 19. — Cod. just., XI, 65, 67, 70, 72, 73, 74.

soins du palais impérial, *prœdia rei dominicœ, domus augustœ* : de ce nombre étaient les *prœdia tarniaca* (1).

Parmi les domaines du fisc consacrés aux besoins de la maison régnante, on comptait encore des palais, des haras et des troupeaux de bétail surveillés dans les provinces par des *comites* spéciaux. De plus, la *res privata* comprenait les biens patrimoniaux et héréditaires du prince, *fundi patrimoniales*. Godefroy a prouvé (*para tit. ad cod. th.* X, 3) que ces domaines étaient distincts des *fundi rei privatœ*, bien que parfois la *res privata* toute entière soit nommée improprement aussi *patrimonium*. Le caractère héréditaire des biens patrimoniaux véritables est attesté par Lydus (*de magistratibus* II, 27); déjà, sous Anastase, ils furent séparés et soumis à la gestion d'un *comes* particulier, le *comes patrimonii*. Au contraire, on confondait dans la *res privata* les biens des criminels et tous les biens vacants et sans maître (2).

La République tenait une grande accumulation de capitaux enfouis dans son trésor. L'an 663, avant la guerre sociale, il renfermait, suivant le témoignage de Pline (3), 1,620,829 livres d'or, somme égale à 1,512,783,405 francs. Le trésor de la République était encore plus riche en l'an 705, lorsque Jules César s'en empara ; il se montait alors à deux milliards de francs. Il diminua sous les empereurs, car Tibère et Antonin-le-Pieux, qui, de tous ces princes, furent le plus enclins à accumuler les métaux précieux, ne laissèrent en mou-

---

(1) Cod. th , VII, 7. — Cod. just., XI, 60, 68.

(2) M. Humbert. — Cod. th., IX, 22. — Cod. just., IX, 49.

(3) Pline, XXXIII, 17. — Tacite, II, p. 419 et ss., éd. in-4°.

rant dans le trésor que 2,700,000,000 de sesterces, environ 668,250,000 francs (1).

XXXVIII. Caton le Censeur établit le premier un impôt sur les mines de fer et d'argent de la Tarraconaise (2).

Les mines de plomb de la Bétique étaient louées au prix de 200,000 deniers, environ 200,000 francs par an. Antonianus, le fermier, en retirait annuellement 400,000 livres romaines, ou 130,536 kilogrammes de métal. L'exploitation du minium, ou du cinabre, dans la même province, fournissait aussi à l'Etat, un revenu dont Pline ne donne point le montant (3). Les mines de Macédoine, d'Illyrie, de Thrace, d'Afrique, de Sardaigne, étaient exploitées selon ce même système de fermage (4).

La redevance due sur les mines exploitées par les particuliers était, sous l'Empire, perçue par les *curiales* (5) et variait de base et de quotité : tantôt c'est *octonos scrupulos in ballucâ* (6); tantôt l'impôt a pour base le nombre d'hommes employés à l'exploitation : il était du septième du produit pour l'or en paillettes (7).

Il y avait aussi un impôt sur les carrières, témoin la loi du Code théodosien (8), sur les exploitations des

(1) Dur. de la Malle., *Op. cit.*, II, 369.
(2) Tite-Live, XXXIV, 21.
(3) Pline, XXXIII, 40 ; XXXIV, 49.
(4) Troplong, *Du contrat de société*, 21.
(5) F. 4, Cod. just., XI, 6, *De metallar. et metallis*.
(6) F. 1, 2, 5, Cod. just., XI, 6. — Le F. 2 h. t. doit être selon Godefroy rapproché de la C. 1, Cod. th., *De numismatis*, qui en est la suite, et avec ce complément il aurait pour objet de fixer quel devait être le poids de la *balluca auri*.
(7) Cod. th., X, 19, C. 4. — Cod. just., XI, 6, F. 2.
(8) Cod. th., X, 19, F. 2.

marbres lybique et numidique, adressée au *rationalis*
d'Afrique, chargé dans cette contrée de lever les impôts
et de percevoir les revenus de l'Etat. La loi fixait le taux
de l'impôt au dixième du produit si la carrière était sur
une propriété publique; si elle était sur une propriété
privée, les exploitants, outre le dixième dû au fisc, en
payaient un autre au propriétaire du sol. *Cuncti qui per
privatorum loca saxorum venam laboriosis effossionibus
persequuntur*, DECIMAS FISCO, DECIMAS ETIAM DOMINO
*repræsentent : cætero modo propriis suis desideriis vindi-
cando.* (F. 3, Cod. Just. XI, 6, *de metallar. et metall.*,
Constitution des empereurs Gratien, Valentinien et Théodose donnée à Constantinople, le 4 des calendes de septembre 582).

XXXIX. Arrêtons-nous un moment sur cette Constitution 3, dont il importe de bien examiner le sens.

Gaius, dans son Commentaire II, § 2 et 7, nous dit :
*Summa itaque rerum divisio in duos articulos deducitur,
nam aliæ sunt divini juris, aliæ humani..... Sed in pro-
vinciali solo placet plerisque solum religiosum non fieri
quià in eo solo dominium populi romani est vel Cæsaris,
nos autem possessionem tantùm et usumfructum habere
videmur.....* Cette fiction légale, appliquée seulement au
sol provincial par Gaius, s'étend à tout l'empire par notre
Constitution : le droit absolu du propriétaire n'existe plus,
et nous voyons apparaître ce droit de souveraineté qui a
pris le nom de *droit régalien* dans notre ancienne monarchie. L'empereur se reconnaît comme chef de l'Etat un
droit supérieur à celui du propriétaire du sol, car il ne se
contente pas d'établir un impôt au profit du trésor. il règle
de lui-même les droits du propriétaire sur les produits

du *metallum* exploité par un autre, et s'il règle ces droits au dixième, il pouvait tout aussi bien les régler au tiers, au quart, au vingtième, ou à tout autre chiffre.

Mais l'impôt au profit de l'Etat ne prouve nullement que la propriété intégrale de toutes les mines eût été concédée au trésor impérial par le droit public : le trésor, en effet, était beaucoup trop avide pour se contenter, s'il en eût été ainsi, du dixième. Puis, si une semblable attribution de propriété eût existé, dans ce droit romain où les principes, surtout en matière de propriété, sont si exacts, si précis, elle devrait nous être révélée par quelque acte extérieur, par quelque constitution des Codes. La loi consacrant une pareille usurpation eût été assez considérable pour mériter d'être relatée. Du reste, les textes donnent partout un éclatant démenti à cette prétendue propriété complète (v. f. 9 et 13, § 5 et 6, D. *de usufr. et quemadm.* F. 4, *de rebus eorum.* Le titre *de metall.* au Cod. Just.). Enfin, dans les textes où il est question de l'impôt sur les mines, on le voit toujours rapproché d'autres impôts qu'il est impossible de baser sur le droit de propriété de l'Etat.

Le système que nous venons de voir fut-il changé après Justinien et en revint-on au système primitif, à la libre disposition par le propriétaire du sol des mines renfermées dans son terrain, de sorte que l'impôt du dixième qu'on trouve mentionné dans les ordonnances de nos rois n'aurait pas sa source dans la constitution *cuncti qui per privatorum ?* Voici, tel quel, l'argument que l'on fait valoir pour un retour à l'ancien système. Dans une constitution, l'empereur Léon VI s'exprime ainsi, au

sujet des mines : « Δυνατὸν γὰρ καὶ ἰδιώτην μετάλλα κρεταρίου καὶ ἀργυροῦ καὶ των παραπλάσσιων ἔχειν. Ἡ ὀρυγή τῆς λευκαρίου ἤ κρυσοῦ ἤ αργυροῦ καρπος ἐστι. » (*Basiliques*, Const. 27-7, § 7 *et scholiast.*) « Un particulier peut être
» propriétaire de mines de craie, d'argent et de toute
» autre matière. Le produit de l'exploitation du marbre,
» de l'or et de l'argent est un fruit (1). »

La question est délicate, et je n'ai pas la prétention de la résoudre ; néanmoins, et en l'absence de tout texte plus formel, je crois volontiers à la continuation de la fiscalité.

Notre Constitution 3 nous présente encore le germe de la distinction entre la propriété de la surface et celle de la mine, base de notre loi du 21 avril 1810. La redevance du dixième des produits représente assez bien une sorte d'association, de compromis, entre le propriétaire de la surface et l'exploitant de la mine, lequel paie une indemnité pour continuer paisiblement ses travaux sous le fonds rural.

Mais, quelle était à Rome l'étendue du droit du superficiaire? Pouvait-il s'opposer à l'invasion de son terrain? l'exploitant avait-il le droit d'occuper le sous-sol en se soumettant à payer la redevance? Choppin (2) nous présente ce point comme contesté à Rome. Ce que nous savons, c'est qu'il fut, dans l'exploitation des marbres, interdit de pousser des galeries sous les édifices, soit dans la crainte des éboulements, soit pour mettre les propriétaires des maisons à l'abri des exploitants qui les

(1) Fourcade-Prunet, *Des mines.* 1858.
(2) Choppin, *De domanio.*

auraient rançonnés pour les amener à se racheter de l'extraction sous leurs bâtiments (1). Lorsque de telles entreprises menacent les constructions des voisins, le magistrat interdit les travaux.

XL. Les empereurs faisaient quelquefois remise de leur droit ; Gratien accorda cette faveur aux sénateurs en leur permettant d'exploiter les carrières de pierre de la Macédoine, sans payer ni redevance, ni droits de douanes (2).

L'Etat avait évidemment un grand intérêt à encourager l'exploitation minière en général, qui était pour lui une source de revenus ; aussi, voyons-nous Valentinien (3) inviter les particuliers à exploiter l'or ; et, d'un autre côté, nous trouvons, sous les premiers empereurs, une loi qui interdit dans les constructions l'emploi des vieux matériaux. Un sénatus-consulte de Claude, daté du consulat de Cn. Hosidius Geta et L. Vigellius, proscrit la vente des matériaux de ce genre, sous peine de nullité et d'une amende double du prix des objets vendus : « *Duplam pecuniam quâ mercatus eam rem* » *esset in œrarium inferret, et ipsœ venditiones irritœ* » *essent* (4). » Cette ordonnance, basée sur des intérêts fiscaux et aussi peut-être sur des motifs de bonne police, explique la formation, à Rome, du Monte-Testaccio, monticule énorme de déblais. La défense fut renouvelée sous Adrien, sous Alexandre Sévère, même sous Arca-

---

(1) Cod. th., *De metallis*, C. 14. — Cod. just., C. 6, h. t.
(2) Cod. th., *De metall.*, C. 8.
(3) Cod. th., *ibid.*, C. 3, 4.
(4) Duréau de la Malle, *loc. cit.*

dius et Honorius (1); elle fut enfin levée par Théodoric (2), à une époque où les carrières étaient peut-être un peu épuisées et où les ruines offraient pour les constructions des matériaux bons et solides.

La construction de la ville de Constantinople ayant augmenté partout la demande et le prix du marbre, Constantin et ses successeurs permirent l'extraction de cette matière, non seulement à chaque propriétaire dans son fonds, mais dans les fonds d'autrui (3), auquel cas l'extracteur était tenu de payer le dixième de la valeur au fisc et le dixième au propriétaire : le surplus lui appartenait, et il pouvait en disposer à son gré. Théodose d'abord confirma ces arrêtés, mais l'extraction du marbre fut de nouveau restreinte en 393 (4).

XLI. Les monopoles n'étaient inconnus ni aux Grecs, ni aux Romains (5). On voit Tibère faire une *relatio* ou rapport au Sénat, *de vectigalibus et* MONOPOLIIS ; mais cette institution ne fut admise qu'exceptionnellement. La plus importante application s'en trouve dans la fabrication du sel qui, de très bonne heure, fut réservée à l'Etat (le cinabre aussi était monopolisé sous la République, et sous les empereurs le baume) (6).

Le sel provient de quatre sources différentes : des marais salants et des laveries de sable dans les localités maritimes, des sources salées, et enfin *des mines*

---

(1) Cod. just. F. 2, VIII, 10, *De œdif. priv.* — Cod. th., XV, 1, 19, 37, *De oper. publicis.*
(2) Cassiod. *Varior.,* II, 7 ; III, 9, 29.
(3) Cod. th., C. 1, 2, 8, 10, 11, *De metallis.*
(4) Cod. th., C. 13, *ibid.*
(5) Beeck, *Stat. des Ath.,* I, p. 74. — Suét., *Tib.,* 30 et 71.
(6) Cicér., *Phil.* II, 19, 48. — Pline, XII, 24 ; III, 113, 123.

de sel gemme, ce qui fait rentrer les salines dans notre sujet.

L'impôt du sel était, à Rome comme chez nous, une des sources des revenus publics. Il fut établi, pour la première fois, en 548 de Rome, par les consuls C. Claudius et M. Livius : ce dernier en reçut même le surnom de *salinator* (1). Les censeurs cherchèrent aussi à tirer profit pour l'Etat de l'usage du sel, en adjugeant la concession moyennant un taux déterminé, et en fixant au fermier le tarif de la vente au détail de façon à assurer un avantage au fisc. Les baux avaient lieu généralement *aux ides* de mars, premier mois de l'ancienne année : les titres et la *lex censoria*, ou cahier des charges, étaient conservés dans l'*œrarium*.

Pancirol croit que, sous les empereurs, la quotité de l'impôt sur les salines fut, comme pour les carrières, le dixième du produit. Quoique Burmann se prononce contre cette évaluation, il me semble, avec Dureau de la Malle (II, 464), qu'elle puise quelque probabilité, soit dans le prix, équivalent à 19 centimes pour le litre de sel, fixé dans l'inscription de Stratonicée, soit dans l'usage où étaient les agriculteurs, de donner du sel aux troupeaux. De la constitution 17, Cod. th. *de cohortal.*, il résulte que le prix du sel dû aux soldats était taxé, en 389, à *singuli solidi pro duodenis modiis*, ce qui, d'après le calcul de Dureau de la Malle, revenait à 16 centimes le litre.

Outre la quotité d'impôts, il existe, d'ailleurs, d'au-

---

(1) Tite-Live, XXIX, 37. — Tite-Live déclare injuste cette augmentation du prix d'une matière si nécessaire, et l'attribue à la malveillance de L. Salinator contre le peuple.

tres analogies entre les carrières et les salines. Parmi ces dernières, les unes appartenaient à des particuliers, d'autres au fisc (1), et celles-ci étaient exploitées par des criminels condamnés à ce travail, comme d'autres à ceux des mines et carrières. C'était là la peine infligée ordinairement aux femmes (2).

L'Italie et les provinces étaient soumises à l'impôt du sel (3). Une inscription (4) nous fait connaître les salines des Ménapiens dans les Gaules ; Tite-Live celles de la Macédoine (5); Solin (6) celles d'Agrigente. La gabelle existait en Syrie sous les successeurs d'Alexandre, puisque le livre des Machabées (7) dit formellement que Démétrius n'en exempta pas les Juifs ; les Romains, selon leur usage constant de conserver les impôts établis, la maintinrent, sans doute, après la conquête de la Syrie.

Sous les rois de Rome, la vente du sel avait été permise aux particuliers, mais l'avarice de ceux-ci ayant, par l'accaparement, exagéré le prix de cette indispensable denrée, l'Etat s'attribua, comme nous l'avons vu, le droit de fabrication et de vente. Les *salinatores œrarii* étaient les gens qui vendaient le sel pour le compte de l'Etat.

---

(1) F. 59, § 1, D., XXVIII, 5, *De hered. instit.* — F. 17, § 1, D., L. 16, *De verb. signif.* — F. 32, § 3, XXXIII, 2, *De usu et usuf.* — Cod. just., XLI, 2, *De vectigal.*

(2) F. 6, D., XLIX, *De capt. et post.* — F. 8, § 8, *De pœnis,* XLVIII, 19.

(3) Pline, XXXI, 39. — F. 4, § 7, D., *De censu,* L. 15.

(4) Gruter, MXCVI, 4.

(5) Tite-Live, XLV, 29.

(6) Solin., Cap. V.

(7) Machabées, I, X, 29.

Sous les empereurs, les particuliers semblent avoir recouvré le droit de fabriquer et de vendre du sel à bas prix, soit au fisc, soit aux fermiers généraux des salines, attendu que les lois parlent de salines privées, et qu'un jurisconsulte, dans le Digeste (1), discute, un legs d'usufruit de salines, qui étaient évidemment une propriété privée, puisqu'elles pouvaient être aliénées, soit en propriété, soit en usufruit, par les propriétaires maîtres de leur droit (2).

On voit que, dans tous les temps, le sel a été regardé comme une excellente matière imposable, et que le système suivi par les Romains ne s'éloignait pas infiniment de celui qui est établi par notre législation (V. Lois des 16 juin 1840 et 28 décembre 1848).

Parmi les objets que la République et l'Empire fournissaient en nature à leurs magistrats ou à leurs officiers, tels que blé, vin, huile, viande, bois (*parochi quœ debent ligna salemque*) (3), habillement, chevaux, mulets, tentes, chariots, vaisselle, cuisiniers, etc. (4), le sel paraît avoir été au premier rang, puisqu'il fit donner à ces traitements le nom de salaire, *salarium* (5) (Dureau de la Malle) *.

---

(1) F. 32, § 2 et 3, D., XXXIII, 2, *De usu et usuf.*
(2) F. 5, § 1, D., XXVII, 9, *De reb. eor. qui.*
(3) Horace, *Serm.*, I, v. 45.
(4) Tite-Live, XXX, 17. — Scheff., *De re vehic.* II, 2, et Gruch., *De comit.*, III, 2. — Vopisc. Aurel., C. 9 ; — et Lamprid., *Alex. Sév.*, C. 42.
(5) Dureau de la Malle, II, 407, 464 à 466.
* Ce dernier auteur nous fait même connaître une prestation assez singulière à laquelle se croyaient obligés les empereurs envers les gouverneurs des provinces qui n'étaient point mariés : *præsides provinciarum acciperent si uxores non haberent singulas concubinas quod sine his esse*

XLII. Il était permis à toute personne d'exercer la profession de chercheur d'or, *aurilegulus*, sous les conditions suivantes : 1° de payer chaque année au fisc une quantité d'or brut ou non purifié fixée, par homme, à sept ou huit scrupules selon les provinces (le scrupule était la 24e partie de l'once) : cette redevance s'appelait *canon metallicus* (1) ; 2° de livrer au fisc tout l'or trouvé, moyennant un prix réglé, obligation qui donnait au fisc un droit de préemption et un monopole sur l'or ainsi découvert *.

La proportion ou le rapport légal ordinaire de l'or brut à l'or purifié (2) était, sauf usage local contraire, de 14 à 12, c'est-à-dire qu'il était alloué $\frac{2}{14}$ pour déchet.

Quant aux substances minérales privées, les particuliers pouvaient les posséder et en disposer, comme nous le verrons au chapitre II, soit en propriété, soit en usufruit, comme des autres biens (3).

Rien n'indique que, pour exploiter les mines qui se trouvaient dans son fonds, le propriétaire ou l'usufruitier eût besoin d'une autorisation personnelle du gouvernement. Les textes du Digeste, dit Serrigny, ne mentionnent en aucune façon la nécessité de cette concession

---

non possent. — V. sur ce passage les *Commentaires* de Casaubon et de Saumaise.

(1) Cod. th., C. 12, *De metallis*. — Cod. just., F. 2 et 5, h. t.

* Si nous ne nous trompons point, c'est là le mode qui est pratiqué par le gouvernement russe pour les mines de sable aurifère existant en Sibérie. La condamnation aux mines de cette même Sibérie crée encore une autre analogie avec le système romain. (Voir Svod, *Pandectes russes*, traduction de Robakowski. — Toulouse, 1864.)

(2) Serrigny, *op. cit.*, n° 879.

(3) F. 7, § 13 et 14, D., *Sol. matrim.* — F. 9, § 2 et 3. — F. 13, § 5, *De usuf.*

préalable, qui fait de la mine une propriété complètement distincte de la surface, et cela est conséquent avec les dispositions des lois qui autorisaient toute personne à exercer librement la profession de chercheur d'or, et avec le motif qui avait fait introduire cette liberté : *quicumque metallorum exercitium velit affluere, is labore proprio, et sibi et reipublicæ commoda comparet* (1). Mais l'exploitant était toujours tenu de payer redevance à l'Etat.

XLIII. Ces notions générales posées, nous pouvons entrer dans quelques détails plus circonstanciés sur l'administration minière de l'Empire (2).

Tandis que, sous la République, la plupart des mines étaient des possessions privées, sous l'Empire, à peu près, tous les plus importants *metalla* furent successivement acquis par les Empereurs, d'abord pour le *fiscus*, plus tard pour le domaine du prince *. Dans cette catégorie se trouvèrent notamment toutes les mines d'or (3), tandis que les mines d'argent d'Espagne, qui, dès le premier siècle de J.-C., commençaient à ne plus guère produire, furent laissées aux particuliers (4).

Il y avait des mines impériales dans les provinces de

---

(1) Cod. just., F. 1, *De metallis;* et F. 7, § 13 et 14, D., *Sol. matr.* — F. 9, § 2 et 3 ; F. 13, § 5, *De usuf.*

(2) V. Becker Marquardt, *op. cit.;* traduction de M. G. Humbert, II, 1ʳᵉ partie.

* Il en fut de même de la fabrication de la monnaie d'or et d'argent qui, enlevée au Sénat, fut attribuée au prince ; et ce droit régalien fut mis à profit au bénéfice de la caisse impériale, même par l'altération des monnaies. (Berker Marquardt, *loc. cit.*)

(3) Strabo, III, p. 148 ; IV, p. 208. — Tacite, *Ann.*, VI, 19.

(4) Plut., *Crassus*, 2. — Diodore, V, 36. — F. 3, § 6, D., XXVII, 9.

César et exploitées pour son compte, comme les mines d'or de Dalmatie (1), de Bretagne (2), de Dacie (3), les mines de fer d'Illyrie (4), de Norique très renommées (5), de Pannonie (6), de Moesie (7), de la Gaule (dans la Lyonnaise et la Narbonnaise) (8) ; comme les carrières de porphyre entre Myoshormos et Coptos en Egypte (9) ; celles du Mont-Claudien, etc. (10) ; comme les gîtes d'émeraudes de Bérénice, et les carrières de marbre vert à l'est de Coptos (11), etc., etc.

La plus grande partie des salines appartenaient à l'empereur; en effet, dans le Digeste, à côté des salines privées (12), on trouve souvent des salines impériales affermées à des Publicains (13). Les fermiers s'appelaient *conductores* ou *mancipes* (14).

Dans les provinces du peuple il existait aussi des

(1) Pline, *Hist. nat.*, 33, 4, 67. — Statius, *Sylvœ*, IV, 7, 13, 14, 15; III, 3, 89, 90 ; I, 2, 153.

(2) Tacite, *Agric.*, 12. — Strabo, IV, p. 199.

(3) Comme l'indique le *Procurator aurariarum*, chez Steivert, *Inscr. mon. rom.*, in Dac. Vienne, 1773, nos 172 à 175. — Orelli, *Inscript.*, 3, 235.

(4) Claudien, *De bello getico*, 535, 539.

(5) Num. Hiner., I 351, 356. — Muchar, I, p. 356.

(6) Eckhel, III, p. 446.

(7) Doct. num., III, p. 446.

(8) Maffei, *Mus. veron.*, p. 415.

(9) V. sur ce point l'excellent ouvrage de Letronne, *Recueil des inscr. de l'Egypte*.

(10) Ptolemæ, *Geog.*, 104, Ed. Merc. — *Vita martyrum*, Ed. Ruinart, p. 325.

(11) Letronne, II, 325, 424. — Orelli, 3880.

(12) F. 32, § 3, XXXIII, 2. — F. 4, § 7, L. 15.

(13) F. 1, Pr. D., III, 4. — F. 13, Pr., XXXIX, 4. — F. 59, § 1, XXVIII, 5.

(14) Cod. just., IV, 61, F. 11. Et surtout V. l'art. de Rein dans la *Realencyclopedia*, de Pauly; tome VI, p. 2405.

metalla impériaux très considérables : telles étaient les mines de cuivre en Chypre. Auguste les avait affermées au roi Hérode, de Judée, moyennant une redevance égale à la moitié du produit (1), et ensuite elles furent administrées par un προρατως των μεταλλων ἐππροπος Καισαρος (2).

Il y avait des carrières de marbre en Eubée (3), des carrières de pierres à aiguiser, ou *cotoriœ*, en Crète (4).

Grâce à ces concentrations, l'état des municipalités et des particuliers dans l'exploitation des *metalla* fut de plus en plus restreint (5).

XLIV. Parfois, les mines étaient exploitées par des esclaves impériaux (6), ainsi pour les carrières de porphyre en Egypte ; le plus souvent, l'exploitation était affermée, comme jadis à des *publicani* (7), surtout pour les mines dont l'ouverture datait du temps de la République. Les censeurs, en consentant la ferme, se contentaient habituellement de fixer la redevance annuelle du fermier ; quelquefois, les excès auxquels se portaient les Publicains obligeaient l'autorité à régler, proportionnellement au prix de fermage, quel nombre d'ouvriers il leur serait permis d'employer, *et quelles punitions ils pourraient leur infliger* (8). Le recouvrement de la taxe

(1) Josèphe. *Ant. jud.*, XVI, 45.

(2) Galen. *De antid. vol.*, XIV, p. 7, Ed. Kuhn.

(3) Orelli, n° 2964.

(4) F. 15, D., XXXIX, 4.

(5) Suéton. *Tiber.*, 49 ; F. 1, D., III, 4 ; F. 13, XXXIX, 4 ; et F. 1, § 1, h. t. — F. 3, § 1; F. 4, 9, *eod.* — F. 17, § 1, L. 16; F. 59, § 1, XXVIII, 5.

(6) F. 38, D., XLVIII, 19. — F. 6, § 2, XLVIII, 13.

(7) Pline. *Hist. nat*, XXXIII, 7 ; XXXIV, 17.

(8) Tacit. *Annal*, II, 20. — Héron de Villefosse. *Loc. cit.*

avait lieu avec l'autorisation impériale par les *procura-tores* impériaux, nommés par les *décurions* qui devaient en être responsables selon la règle ordinaire de la légis-lation romaine (1); et, comme plusieurs personnes cher-chaient à se soustraire à cet emploi, il leur était défendu d'aspirer à d'autres dignités avant de l'avoir rempli avec exactitude (2). Le *procurator* impérial exerçait sa sur-veillance, tantôt sur des mines isolées, tantôt sur toutes les mines d'une province, qu'il administrait avec une autorité supérieure, ou en appel. Tel était peut-être le μεταλλαρχης qu'on rencontre dans une inscription sur des fragments de marbre blancs, recueillis en Egypte par Letronne (3). Ce fonctionnaire correspondait sans doute au *comes metallorum* postérieur; cependant, le mot μεταλλαρχης peut être aussi pris dans le sens général de surveillant des mines. On trouve un *præpositus metal-lorum* pour toute la province, notamment en Palestine, dans les *Acta martyrum* (Ed. Ruinart, p. 333) : « *De-hinc præpositus metallorum eò adveniens velut ex impe-riali præcepto confessores varias in turmas distribuit et alios quidem apud Cyprum, alios in Libano jussit inco-lere; reliquos per varia Palestinæ loca dispersos diver-sorum operum molestus vexari omnes mandavit.* » Il paraît que les mines de Chypre étaient aussi placées sous sa surveillance (4). Ce haut fonctionnaire avait sous ses ordres un nombreux personnel d'employés : à cette catégorie appartiennent sans doute le *subprocurator*

(1) F. 3, § 5, et F. 47, § 1, D., XLIX, 14. — F. 1, § 1, I, 19.
(2) F. 4, *De metall.*, Cod. just.
(3) Letronne. *Recueil*, II, p. 424, et I, 454.
(4) Letronne. *Rec.*, I, p. 186 et ss.

aurariarum, le *tabularius marmorum lucensium*, le *tabularius stationis marmorum* (1).

XLV. Auprès de la plupart des mines stationnait un corps de troupes, comme l'indique une inscription du mont Claudien (2), et d'autres inscriptions qui mentionnent un préfet de Bérénice (3). Ces postes étaient exigés par l'emploi dominant des criminels, condamnés au travail des mines. Cette peine se rencontre souvent dans les *Acta martyrum* : on voit nommés, comme lieu d'exécution : « *Æris metalla quæ sunt apud Phænum Palestinæ, Ciliciæ metalla, per Thebaïdem, apud Cyprum in Libano* » (4).

Après la conquête de Jérusalem, la plupart des captifs furent condamnés à travailler dans les mines d'Egypte (5). Aristides (6) parle de κατάδικαι dans les carrières de porphyre de ce pays. Quelquefois, l'officier qui commande les troupes est en même temps fermier ou surveillant des travaux. C'est ainsi que Letronne (7) entend cette inscription du mont Claudien : « *Aninus Rufus (centurio), leg. XV Apollinaris præpositus ab optimo Trajano operi marmorum monti Claudiano.* » Une inscription relative aux carrières de granit de Syène, du temps de Sévère et de Caracalla, s'exprime encore plus clairement (8) : « *Sub Atiano Aquila, præfecto Ægypti curam*

---

(1) Orelli. *Insc.*, nᵒˢ 1284, 2962. — Gruter. *Insc.*, p. 4 et 5.

(2) *Corpus inscr. græc.*, nᵒ 4713.

(3) Orelli, nᵒ 3380 et 3381. — Letronne, II, p. 335.

(4) *Acta martyrum*. Ed. Ruinart, 1713. — 322, 324, 325, 326, 329, 333.

(5) Josèphe. *Bello judaico*, VI, 9, 2.

(6) II, p. 331, 349, *Ad. Jelb.*; et *Realencyclopedia*, VI, p. 1122 et ss.

(7) *Rec.*, I, p. 429.

(8) Letronne. I, 446.

agente operum dominicorum Aurelio Heraclide decurione alœ Maurorum. »

Les militaires eux-mêmes paraissent avoir été occupés au travail de la mine. Sous le règne de Claude, on vit un général romain y employer ses soldats, selon ce que nous apprend Tacite (1). (On en voit un autre exemple dans le *fragment de marbre vert*, en Egypte.) Dans les inscriptions de Letronne (2) est mentionné, n° CDXIX, un Στρατιωτης της σπειρης μιγρου επι τω εργω Ιουεντιου Αγαθοποδος. Ce Juventius était, d'après l'inscription, n° CDXVI, un affranchi de l'empereur Tibère et un *procurator* de la mine. On trouve au n° CDXXXII, un Σκληρουργος απο Σουλπικιου σημαιας, un tailleur de pierres de la cohorte de Sulpicius, donc un soldat; et n° CDXXXIII, un Γαιος Αυρηλιος Αημος, στρατιωτης, σκληρουργος, υδρεν-ματων.

XLVI. Nous venons de passer en revue les dispositions résultant d'un assez grand nombre de textes dont la plupart ne parlent des mines que par occasion : les plus importantes sont celles des constitutions impériales contenues aux titres *de metallariis et metallis* aux Codes de Théodose et de Justinien (ce dernier ayant souvent reproduit les décisions du premier) (3). Nous y avons ajouté les éclaircissements que nous ont fournis les auteurs anciens, tels que Tite-Live, Pline, Cicéron, Tacite, Strabon et autres, et ceux que nous avons trou-

(1) Tacit. *Annal.*, XI, 20.
(2) Letronne. *Inscript.*, II, p. 424 et ss.
(3) V. *Corpus juris civilis, edente Galisset, quinta editio.* — Pour le Code théodosien, V. le commentaire de Godefroy, et l'édition de Hœnnel pour les textes.

vés dans les travaux si remarquables des modernes.
Quelque incomplètes que soient ces explications, il ne
nous est guère possible d'en fournir de plus suffisantes,
ces questions appartenant au droit administratif et étant
restées presque étrangères aux jurisconsultes romains
qui s'occupaient surtout du droit privé : mais, enfin, si
imparfaites qu'elles soient, nos recherches ont une importance autre que celle qui apparaît tout d'abord, car,
si intéressant qu'il pût être de reconstruire en entier le
système administratif des Romains sur les mines, nous
serions surtout heureux d'y rencontrer des motifs de
décision pour les questions controversées que présente
notre propre législation.

Pour nous résumer en deux mots, nous rappellerons :
1° que les mines privées étaient soumises à un impôt,
ainsi que les salines ; 2° que cet impôt a varié selon les
époques et les pays ; 3° que l'exploitation n'était pas
subordonnée à une concession particulière ; 4° qu'on ne
peut révoquer en doute que le droit régalien n'ait été mis
en vigueur du moins jusqu'à la décadence de l'Empire,
époque qui a dû entraîner la ruine de l'exploitation en
général, en même temps que celle du régime administratif ; qu'à ce moment, le Code de Léon VI a rétabli, au
moins d'après quelques auteurs (v. § XXXVIII, *in
medio*), le principe qui, dans les premiers temps de la
République, confondait la propriété du sol avec celle des
substances minérales qu'il pouvait renfermer ; 5° que le
fait de l'exercice du droit régalien par les empereurs
n'en est pas moins digne de remarque, surtout en ce qui
concerne les carrières, celles-ci ayant généralement
échappé à ce droit chez les nations modernes. Quant à la

grande question de savoir à qui doit appartenir la propriété des mines, je l'ajourne au droit français moderne,
où elle sera, ce me semble, plus à sa place.

Comme dernière observation de ce chapitre, remarquons combien sont rares à Rome les lois de police et de
surveillance des mines, destinées à encourager les recherches, à assurer la bonne direction de l'exploitation et à
pourvoir à la sécurité des ouvriers (1). N'en a-t-il pas
existé d'autres que celles que nous avons vues, ou ont-
elles été perdues? Nous ne pouvons le décider, mais d'un
côté, la croyance à la reproduction spontanée des minéraux poussait évidemment au gaspillage dans les exploitations; d'un autre, l'égoïsme de la vieille Rome devait
assez peu s'émouvoir des dangers que couraient les
mineurs, la plupart esclaves ou condamnés, et en tous
cas ouvriers, c'est-à-dire personnages fort méprisés dans
ces siècles peu tendres aux travailleurs.

XLVII. Lorsque, l'Empire romain ne pouvant plus se
défendre, des nuées de barbares franchirent le Rhin,
traversèrent les Gaules, passèrent les Pyrénées et péné-
trèrent dans l'Espagne qu'ils couvrirent jusqu'au détroit
de Gibraltar, ravageant l'Europe du nord au sud et
poursuivant la destruction de la civilisation d'alors (2);
lorsque l'Empire se vit ébranlé de toutes parts, les
institutions publiques s'affaiblirent de jour en jour, l'exploitation des mines fut abandonnée par le gouvernement.

---

(1) *V. tamen* le Fr. 6, Cod. Just., *De metallis,* qui consacre pour le
gouvernement le droit de police sur les exploitations; le titre *de fabri-
censibus,* en ce même code; et quelques autres textes déjà cités des
Codes Th. et de Just.

(2) M. Thiers. Discours au Corps législatif, séance du 14 mars 1867.

Les exploitations récentes, ouvertes sur les rives du Danube, dans la Dacie, dans l'Illyrie, la Dalmatie, furent les premières exposées aux irruptions. Les mines de l'Espagne et de l'Orient, dont un long abus pouvait annoncer l'épuisement, étaient en partie délaissées dès le IIIe siècle. Au milieu du ve, il n'y avait presque plus de travaux souterrains en activité dans l'Occident ; et dans le cours du VIIe, le petit nombre d'exploitations qui existaient encore en Orient au pays des Byzantins, tomba au pouvoir des Arabes. Les mines de l'Asie-Mineure, de la Grèce et de la Thrace paraissent s'être maintenues le plus longtemps (1).

Un tel état de choses remettait naturellement la propriété illimitée des substances minérales entre les mains des propriétaires du terrain. Quand il n'exista plus de grande exploitation de mines, le gouvernement ne s'intéressa plus à cet objet, de même qu'il n'y avait pas de lois minières tant que ce genre d'industrie n'existait pas en grand chez les Romains.

Ce fut dans la Grande-Bretagne, dans les Gaules, la Gothie, et principalement dans la Germanie, que l'art des mines resta comme en dépôt pendant ces troubles sur lesquels l'histoire ne répand qu'une faible lumière. C'est chez les peuples de cette dernière contrée, soit dans la Bohême, soit sur les rives du Rhin, qu'une exploitation sérieuse renaîtra au cours du Moyen-âge.

(1) Héron de Villefosse. *Op. cit.*, p. 504.

CHAPITRE II.

DE LA PROPRIÉTÉ DES MINES AU POINT DE VUE DU DROIT
PRIVÉ CHEZ LES ROMAINS.

XLVIII. Les mines sont des biens immobiliers, *pars
fundi* (1), susceptibles de propriété privée, et, comme
les autres immeubles, elles appartiennent au droit privé
par rapport aux différents droits que les personnes peuvent avoir sur elles (*). Mais la manière dont elles se
comportent dans le droit privé ne devra attirer notre
attention que si elle leur est propre, que si des règles
particulières leur ont été imposées par le législateur.
Elles sont susceptibles de donner naissance au droit de
propriété et aux modifications de ce droit ; mais si ces
différents droits, lorsqu'ils ont à s'exercer sur des carrières ou des mines, ne diffèrent en rien de ceux qui ont
pour objet des champs ou des vignobles, la législation
qui les embrasse dans sa commune prévoyance est en
dehors du sujet de ce travail.

Notre première proposition ne souffre pas la discussion ; soit dans le droit romain, soit dans le droit
français, les mines sont susceptibles de propriété privée.

(1) F. 9 et 13, § 6, D., *De usuf. et quemad.*

* Dans l'ancien Droit romain et même dans le droit de Justinien, il
importe beaucoup de distinguer les meubles des immeubles, car on applique des règles différentes, selon qu'il s'agit des uns ou des autres, en
matière d'*usucapio*, de *furtum,* de biens dotaux, d'*interdicta*, etc. —
MM. Massol et Humbert, à leurs cours.

En est-il de même de notre seconde énonciation ? Lorsque nous arriverons à l'étude de la loi française, nous reconnaîtrons aisément, en rencontrant des dispositions particulières aux mines, que celles-ci ont un caractère qui leur est propre. Cette distinction existe-t-elle dans la loi romaine ? Nous ne le pensons pas. C'est ce que nous allons essayer de démontrer par l'étude de quelques lois (1).

XLIX. Le droit romain a des textes pour annoncer que certaines choses sont sacrées, saintes, religieuses, publiques, communes ; pour en déclarer d'autres *mancipi* ou *nec mancipi ;* mais il n'en a aucun où soient énumérées d'une manière complète les choses qui sont susceptibles d'être la propriété d'un particulier. Malgré cette lacune, il n'est aucunement difficile de démontrer que les *metalla* peuvent être une propriété privée (2); le Digeste l'énonce d'une manière positive dans les fragments suivants : « *Si lapidicinas vel quœ alia metalla pupillus habuit stypteriœ, vel cujus alterius materiœ, vel si cretifodinas, argentifodinas, vel quid aliud huic simili* » (3) « *quod tamen privatis licet possidere* » (4). « *Magis puto ex sententia orationis impediri alienationem. Sed et si salinas habeat pupillus, idem erit dicendum* (5). » V. aussi le fr. 32, §§ 2 et 3, D., XXXIII, 2, *de usuf. et quemad.* Et même, à défaut de ces textes, on ne devrait pas moins décider sans hésiter que les particuliers peuvent avoir des

---

(1) Alb. Le Guay. *Législation des mines,* p. 16.
(2) V. ce que nous avons déjà dit à ce sujet au chap. précédent.
(3) Ulpianus. F. 3, § 6, D., XXVII, 9, *De reb. eorum qui.*
(4) Paulus. F. 4, *ej. tit.*
(5) Ulp. F. 5, h. t. Pr. et F. 1.

metalla dans leur patrimoine. En effet, puisqu'une femme peut donner en dot à son mari un fonds où se trouve une mine ou une carrière (1), ne doit-on pas en conclure : 1º que pour porter une mine en dot au mari, il faut que la femme ou celui qui la dote en ait la propriété ? 2º qu'il faut que le mari puisse en acquérir la propriété ?

L. De même que l'on peut avoir sur les mines un droit de propriété, de même on peut avoir sur elles l'un des droits qui en sont les démembrements, un droit d'usufruit, par exemple. Deux textes d'Ulpien tranchent nettement la question, en nous faisant connaître les droits de l'usufruitier sur les mines, et ils nous amènent, en outre, à cette conclusion évidente, que les règles de l'usufruit, en général, sont applicables aux mines.

En effet, Ulpien nous dit, à la loi 9, § 2, D., *De usuf. et quemad.*, VIII, 1 : « *Sed si lapidicinas habeat, et* » *lapidem cœdere velit, vel cretifodinas habeat, vel arenas,* » *omnibus his usurum Sabinus ait, quasi bonum patrem* » *familias, quam sententiam puto veram;* » c'est-à-dire que le produit des *metalla*, mines ou carrières, est un fruit dont il est permis à l'usufruitier de profiter, selon les règles ordinaires. La loi 77, D., L., 16, *De verb. signif.*, ne laisse, du reste, aucun doute sur ce point : « *Frugem pro reditu appellari, non solùm quod ex fru-* » *mentis, aut leguminibus, verum quod ex vino, sylvis* » *cœduis,* CRETIFODINIS, LAPIDICINIS, *capitur.* »

La question soulevée par Ulpien dans le § 3 du fr. 9 est plus délicate, et nous verrons, plus tard, qu'elle n'a

(1) V. les F. 18, *De fundo dotali*, D., XXIII, 5 ; et F. 7, § 13, *Solut. matrim.*, D., XXIV, 3, expliqués ci-après aux §§ L, LI.

pas reçu la même solution dans la loi française (comparez, en effet, ce § 3 et l'article 598-2º du Code Napoléon). En droit romain, le législateur, reconnaissant aux produits des mines le caractère de fruit, est conséquent avec lui-même en attribuant dans tous les cas ces produits à l'usufruitier; mais il paraît probable que les jurisconsultes de Rome ont admis cette opinion, par suite de leur croyance erronée au repeuplement spontané des mines et carrières. Aussi disent-ils : *Sed si hæc metalla* » *post usumfructum legatum sint inventa, cùm totius agri* » *relinquatur ususfructus, non partium, contineantur* » *legato* » (Ulp., § 3, *l. cit.*). L'usufruitier profitera ainsi des mines anciennes et des mines nouvelles qui viendront à être ouvertes sur le terrain dont il jouit, comme il profitera des alluvions et des accroissements (1).

Nous tirerons les mêmes conséquences de la loi 13, h. t., § 5 et 6, où Ulpien se demande si l'usufruitier peut, lui, ouvrir des mines sur le fonds soumis à l'usufruit, question qui me paraît résolue à l'avance par le § 3 précité, lequel suppose des mines ouvertes pendant l'usufruit; car, ces mines, quel autre que l'usufruitier pourrait les ouvrir? Qui a le droit d'opérer un changement quelconque dans sa jouissance, sans son assentiment?

Quoi qu'il en soit, Ulpien dit : « *Inde quæsitum est,* » *an lapidicinas, vel cretifodinas, vel arenifodinas ipse* » *instituere possit?* » Et il répond : « *Et ego puto etiam* » *ipsum instituere posse, si non agri partem necessariam* » *huic rei occupaturus est. Proinde venas quoque lapidi-*

(1) Alb. Le Guay, *loc. cit.* — F. 9, § 4, D., *De usuf. et quemad.*

» *cinarum, et hujusmodi metallorum inquirere poterit :*
» *ergo et auri, et argenti, et sulphuris, et æris, et ferri*
» *et cæterorum fodinas, vel quas paterfamilias instituit,*
» *exercere poterit, vel ipse instituere si nihil agriculturæ*
» *nocebit. Et si forte in hoc quod instituit, plus reditus sit*
». *quam in vineis, vel arbustis, vel olivetis, quæ fuerunt,*
» *forsitan etiam hæc dejicere poterit, si quidem ei per-*
» *mittitur meliorare proprietatem. Si tamen quæ instituit*
» *usufructuarius, aut cœlum corrumpant agri, aut mag_-*
» *num apparatum sint desideratura, opificum forte, vel*
» *legulorum, quæ non potest sustinere proprietarius, non*
» *videbitur boni viri arbitratu frui.* » En somme, ce
nouveau mode de jouissance est permis à l'usufruitier :
1º s'il est avantageux ; 2º s'il ne doit pas occasionner
une dépense que le nu-propriétaire ne pourrait supporter
plus tard. Or, ces décisions sont applicables aux autres
changements de jouissance, par exemple, aux changements de bois en vignobles, ou de vignobles en terres
labourables. On peut même remarquer qu'au cas des
mines, l'usufruitier est traité très favorablement, car
souvent, dans d'autres matières, on lui interdit des
changements de jouissance qui lui seraient fort avantageux (1).

A l'égard du pupille, les mines sont considérées
comme les autres immeubles, et elles ne peuvent être
aliénées qu'avec les mêmes formalités. Mais le tuteur
pourrait ouvrir des mines ou des carrières sur les terres
du pupille, même avec l'argent de celui-ci, d'après les
fr. 3, *in fine,* 4 et 5, D., *De reb. eorum qui.*

_____

(1) F. 13, § 8, D., *De usuf. et quem.*

LI. Au temps des anciens jurisconsultes, le mari avait sur les biens que la femme lui apportait en dot un droit de propriété qui s'exerçait de la même manière, et sur les mines, et sur les autres biens. La loi 18, pr., D., *De fundo dotali*, XXIII, 5, ne laisse aucun doute à cet égard. Il est question, cela est vrai, de carrières dans cette loi, mais les carrières sont assimilées aux mines en droit romain (1).

Javolénus, dans le fragment 18, nous dit : « *Vir in fundo dotali lapidicinas marmoreas aperuerat......* Un mari avait ouvert des carrières de marbre dans le fonds dotal. Le divorce ayant eu lieu, on demande à qui appartient le marbre extrait, mais non encore emporté, et si c'est la femme ou le mari qui doit supporter les dépenses faites en vue de ces carrières? Labéon dit que le marbre appartient au mari ; il ajoute que la femme n'a rien à lui rembourser, attendu qu'il ne s'agit pas d'une dépense nécessaire, et que le fonds a été dégradé. Quant à moi, je pense que la femme ne doit pas rembourser seulement les dépenses nécessaires, qu'elle doit rembourser aussi les dépenses utiles, et je ne considère pas le fonds comme dégradé, s'il s'agit de carrières telles que la pierre s'y reproduise. »*

Lorsque dans le fonds que le mari reçoit *dotis causa*, il y a une carrière déjà ouverte, le mari a certainement le droit de continuer l'exploitation, et il en gagnera les produits comme des fruits. Mais pourrait-il dans le fonds *dotal* ouvrir lui-même une carrière? « Il me paraît évident que personne n'a le droit de l'en empêcher, dit

_____

(1) F. 9, § 2 et 3, D., *De usuf et quem.* — F. 1 et 2, Cod. just., *De metallar.* et *metallis.*

M. Demangeat (1), qui parle ici au seul point de vue du droit privé; que seulement lorsqu'il s'agira de restituer le fonds, si ce fonds, en définitive, se trouve être dégradé, le mari pourra en être responsable. Le mari a plus de droits qu'un usufruitier : celui-ci ne peut pas changer la destination de la chose, convertir un domaine de produit en domaine d'agrément, ou *vice versâ ;* il n'est point défendu au mari d'opérer une conversion de ce genre. En conséquence, l'usufruitier ne peut ouvrir une carrière que sous certaines conditions (2); le mari peut, d'une manière absolue, ouvrir des carrières sur le fonds dotal, sauf à être responsable, si, en définitive, par suite de ces travaux, le fonds qu'il restitue vaut moins que le fonds qu'il a reçu. »

Ces principes sont le point de départ d'une bonne explication de notre texte (3). Voici d'abord les faits que suppose le jurisconsulte : le mari a ouvert des carrières de marbre dans le fonds dotal; des blocs ont été extraits, mais ils n'ont pas encore été emportés pour être vendus. Le divorce arrive ; deux questions se présentent : 1º Les blocs de marbre qui sont encore sur le fonds dotal, près de la carrière d'où ils ont été tirés, appartiennent-ils au mari ou appartiennent-ils à la femme? — 2º Les frais que le mari a faits pour commencer l'exploitation de cette carrière, resteront-ils à sa charge, ou pourra-t-il s'en faire tenir compte par la femme en lui restituant le fonds?

_____

(1) Demangeat. Commentaire sur le titre *De fundo dotali,* au Digeste.
(2) V. le F. 13, § 5 et 6, *De usuf. et quem.,* D., en notre § XLIX.
(3) Demangeat, *loc. cit.*

Sur la première question, il ne paraît pas y avoir eu de difficulté. Labéon admet que les blocs appartiennent au mari et non à la femme, ce qui veut dire qu'ils sont gagnés par le mari, que le mari n'est point tenu de les restituer à la femme; et sur ce point Javolénus n'élève aucune contradiction. (Si le bloc de marbre, au lieu de n'être pas encore *exportatum,* avait été vendu et livré par le mari, il est certain que, dans tous les systèmes, le tiers acheteur serait à l'abri d'une réclamation de la part de la femme, car, voulût-on y voir une chose dotale, comme elle est mobilière, le mari a parfaitement pu l'aliéner.) Ainsi, les jurisconsultes romains, en principe, ne considèrent point comme des portions de la chose dotale les produits d'une carrière même ouverte par le mari. Ces produits, en effet, ont un tout autre caractère que les arbres non compris dans une *sylva cœdua,* comme par exemple des oliviers que le mari fait abattre. (Loi 8, D., *de fundo dotali.*)

Mais, sur la deuxième question, Javolénus n'est plus complètement d'accord avec Labéon. Suivant Labéon, le mari n'a jamais droit de se faire indemniser par la femme des frais qu'a nécessités l'ouverture de la carrière. Javolénus combat cette proposition comme trop absolue, en montrant que les motifs donnés à l'appui par Labéon ne sont pas toujours applicables. En effet, Labéon se fondait d'abord sur ce que le mari n'a point fait là une dépense nécessaire; à cela, Javolénus répond très-bien : sans doute, l'ouverture de la carrière n'est point une dépense nécessaire, mais ce peut être une dépense utile; or, le mari est autorisé à se faire tenir compte même des dépenses simplement utiles (1). Labéon ajoutait, pour refuser toute espèce de recours au mari, que celui-ci en ouvrant la carrière avait dégradé le fonds ; qu'ainsi, il n'avait même pas fait une dépense utile. Mais il est évident qu'en ceci Labéon allait trop loin : s'il se peut que le mari ait détruit une exploitation agricole convenable pour ouvrir une carrière qui se trouve déjà épuisée quand arrive le divorce, il se peut aussi qu'au lieu d'un terrain stérile par lui reçu en dot, il restitue aujourd'hui une carrière qui, pendant de longues années, donnera de riches produits.

Je ne pense pas, dit Javolénus, que le fonds soit dégradé, lorsqu'il s'agit de carrières *in quibus lapis crescere possit*. Nous avons déjà vu (§ V) ce qu'il faut penser de cette prétendue reproduction spontanée des minéraux, mais on comprend facilement que cette croyance fit considérer plus volontiers comme des fruits les produits d'une carrière.

LII. De la loi 18, *pr. de fundo dotali*, je dois rapprocher un texte, la loi 7, § 13, D., *Sol. matr.*, XXIV, 3, qui a beaucoup embarrassé les commentateurs. Ulpien y pose les deux mêmes questions qui font l'objet de notre loi 18, pr. Il les pose dans des termes identiques, et je crois qu'il décide absolument comme Javolénus : « *Si vir* » *in fundo mulieris dotali*, dit Ulpien, *lapidicinas mar-* » *moreas invenerit, et fundum fructuosiorem fecerit,* » *marmor quod cæsum neque exportatum est, mariti est;* » *et impensa non est ei præstanda,* QUIA NEC IN FRUCTU

---

(1) Paul. F. 8, D., *De imp. in res dot. fact.*, XXV, 1. — F. unic., § 5, Cod. just., *De rei uxor. act.*, V, 13.

» EST MARMOR, *nisi tale sit ut lapis ibi renascatur, quales*
» *sunt in Gallia, sunt et in Asia.*» Toute la difficulté est
dans ces mots : *Quia nec in fructu est marmor :* car (1),
comment comprendre que le jurisconsulte s'exprime
ainsi, quand il a commencé par dire que le mari, en ouvrant la carrière, a rendu le fonds *fructuosior*, et surtout
quand il a décidé que les blocs extraits de la carrière et
non encore transportés sont gagnés par le mari. Antoine
Favre et Pothier (2), pour échapper à la difficulté, supposent que le texte a été altéré, et proposent de lire :
mariti NON *est*. Indépendamment de ce que cette addition
a en elle-même d'arbitraire, Ulpien serait ainsi en désac-
cord avec Labéon et avec Javolénus, car ceux-ci, dans
notre loi 18, pr., attribuent sans difficulté et d'une
manière absolue les blocs de marbre au mari. Cujas
ajoute également une négation, mais il l'ajoute ailleurs ;
il lit : « *Nec fundum fructuosiorem fecerit* » (3). Il n'est
pas croyable qu'Ulpien se soit laissé aller à une rédaction
si vicieuse, car il semblerait alors que si les blocs de
marbre appartiennent au mari, c'est parce qu'il n'a pas
rendu le fonds *fructuosior*.

Voici, d'après M. Demangeat, ce qu'a voulu dire
Ulpien : « Le mari a ouvert dans le fonds dotal des car-
» rières de marbre ; le produit de ces carrières est supé-
» rieur au revenu que le fonds donnait auparavant. Dans
» tous les cas, les blocs de marbre, dès qu'ils sont
» extraits de la carrière, appartiennent au mari, et il

(1) Demangeat. *Loc. cit.*
(2) Pothier. Pand. Just., *Sol. matrim.*, n° 45.
(3) Cujas. *Observat.*, XV, c. 21. — In tit. *De usurp.*, *ad legem* 4,
§ 11.

» n'aura point à en rendre compte dans l'action *rei*
» *uxoriœ;* mais il ne peut se faire indemniser par la
» femme des frais de mise en exploitation qu'autant
» qu'il a créé une source durable de revenus, la car-
» rière n'étant point déjà épuisée au moment où le fonds
» est restitué à la femme. » Et cette décision, conforme
à celle de Javolénus, est parfaitement raisonnable. En
effet, dans le cas où la carrière est déjà épuisée lors
de la dissolution du mariage, d'une part, la femme ne
doit aucune indemnité pour une dépense dont elle ne
retire aucun profit, et même c'est elle qui aurait droit à
une indemnité si le fonds, en définitive, a été dégradé
par l'ouverture et par l'exploitation de la carrière. Mais,
d'autre part, il est équitable que le mari gagne au moins
les produits qu'il a retirés ainsi à ses dépens. Dans le cas
où l'exploitation pourra se prolonger après la dissolution
du mariage, de telle sorte que la femme qui recouvre
son immeuble le trouve plus productif qu'il n'était
autrefois, le mari gagne les produits par lui perçus,
comme en général il gagne les fruits ; de plus, il est
juste que la femme rembourse la dépense dont elle va
profiter (et l'exploitation sera d'autant plus durable que
lapis ibi renascatur) (1).

LIII. On pourrait voir une contradiction entre cette
loi 7, § 13, *Sol. matr.*, qui, comme la loi 18, pr., *de fundo
dot.*, fait gagner définitivement au mari les produits de la
carrière, et un fragment de Pomponius, la loi 32, *de jure
dotium*, D., XXIII, 3. En effet, dans cette dernière loi,

---

(1) Ulpien ajoute, § 14, *h. legis : « Sed si cretifodinœ, argentifodinœ,
vel auri, vel cujus alterius materiœ sint, vel arenœ, utique* IN FRUCTU
habebuntur. »

le jurisconsulte suppose que les produits de la carrière ouverte dans le fonds dotal font partie de la dot ; il les met sur la même ligne que les arbres *quæ fructus non essent*, et décide que, si le mari les a vendus *voluntate mulieris*, le montant du prix de vente est dotal. Mais la loi 32, *de jure dotium*, se rapporte soit à des *lapides* qui avaient déjà été extraits de la carrière au moment où le fonds est devenu dotal, soit à des *lapides* extraits pendant le mariage, mais qui, d'après la volonté exprimée par la femme, doivent être *in dote* comme le fonds d'où ils proviennent. (Cas prévu par Paul., f. 8, pr., D., *Sol. matr.*).

Voici, du reste, la traduction et l'explication de la loi 32 de Pomponius, d'après M. Pellat (1) : « *Si ex* » *lapidicinis dotalis fundi.....* si, *du consentement de la* » *femme*, le mari a vendu des pierres tirées de carrières » qui sont dans le fonds dotal, ou des arbres qu'on » ne peut considérer comme fruits, ou un droit de » superficie sur la maison dotale, l'argent provenant de » cette vente est dotal. »

Le droit de superficie sur l'édifice dotal n'a pu être vendu par le mari qu'avec le consentement de la femme ; c'est une sorte de propriété prétorienne que le mari seul n'aurait pas pu détacher au profit d'un tiers. Au contraire, les blocs de pierre ou de marbre retirés du fonds dotal, les arbres abattus sur ce fonds, lors même qu'ils ne doivent pas être considérés comme des fruits, peuvent valablement, en leur qualité de meubles, être vendus par le mari seul. Mais la circonstance que la femme a con-

---

(1) Pellat. *De jure dotium,* p. 137.

senti à la vente, présente cet intérêt que désormais c'est le prix qui est dotal, et que le mari pourra le restituer *annuâ, bimâ, trimâ die*, tandis que la vente faite, *invitâ muliere*, bien que valable, n'empêche pas que le mari reste débiteur envers la femme de la chose vendue, et par conséquent soumis à une restitution immédiate après la dissolution du mariage (1).

LIV. Parmi les démembrements de la propriété, à coup sûr les plus usuels sont le droit de gage et celui d'hypothèque. Nous n'avons trouvé aucun texte qui autorisât formellement à hypothéquer les mines ; mais cette faculté ne nous a pas paru douteuse, car, d'un côté, ce que la loi ne défend point est permis ; d'un autre, le fr. 9, § 1, D., *de pign. et hyp.*, XX, 1, de Gaius, nous dit : « *Quod emptionem venditionemque recipit, etiam pignorationem recipere potest.* »

A peu près la seule question délicate qu'on puisse soulever est celle de savoir si, lorsqu'une mine a été creusée, ou une carrière ouverte, après que le fonds a été engagé, elle est soumise à l'hypothèque. Nous croyons trouver une solution indirecte, mais certaine, « 1° dans la loi 16, pr., *de pign. et hyp.*, D. : *si fundus hypothecæ datus sit, deinde alluvione major factus est, totus obligatur.* » 2° dans la loi 7, pr..... *in quibus causis*, D., XX, 2, « *in prædiis rusticis fructus qui ibi nascuntur, tacite intelliguntur pignori esse domino fundi locati etiam si nominatim id non convenerit.* » — Cette observation, rapprochée de celles que nous avons déjà

---

(1) V. Fr. 78, § 4, *in fine. De jure dot.*, D., XXIII, 3.

présentées en nous occupant de l'usufruit, nous semble suffisamment éclairer la question (1).

Une dernière question importante serait celle-ci : « Une mine est-elle susceptible d'hypothèque tacite, par exemple, si des avances avaient été faites pour l'établir (2)? Par assimilation au cas prévu par la loi 1, D., *in quibus causis*, XX, 2 : « *senatusconsulto, quod sub Marco imperatore factum est, pignus insulæ creditori datum, qui pecuniam ob restitutionem ædificii exstruendi mutuam dedit, ad eum quoque pertinebit, qui redemptori, domino mandante, nummos ministravit.* » Mais bien qu'il y ait doute pour quelques-uns sur le sens du mot *insulæ*, la fin de la loi où l'on rencontre d'une manière formelle la mention d'édifice, *ædificii exstruendi*, ne permet pas d'admettre positivement cette idée d'hypothèque tacite au cas de mines.

LV. Tous modes d'acquérir du droit romain, *occupatio, mancipatio, addictio*, etc., devaient, selon l'espèce, s'appliquer aux mines et carrières privées; mais, comme il n'y a là rien qui sorte du droit commun, je ne le noterais point s'il n'y avait à remarquer cette circonstance que l'usucapion ne pouvait faire acquérir le droit *arenæ fodiendæ*; ce droit de creuser du sable étant mis au nombre des servitudes prédiales (3), et la loi Scribonia ayant, à une époque inconnue, prohibé l'acquisition des servitudes par usucapion. Mais, comme le décide très justement Ulpien, la loi Scribonia ne s'oppose point à ce que celui qui acquiert par usucapion la propriété d'un

(1) A. Le Guay. *Loc. cit.*
(2) V. Fr. 1, D., *In quibus causis*, XX, 2.
(3) Ulpien. F. 1, D., *De serv. præd. rust.*, VIII, 8. — Instit., § 2, *De servit.*, II, 3.

immeuble acquière en même temps les servitudes qui peuvent appartenir à cet immeuble (1).

Quant aux mines qui appartiennent au fisc, voici leur condition à ce point de vue : déjà, dans l'ancien droit, les biens du fisc ne peuvent être usucapés; l'usucapion en est interdite du moment qu'ils ont été dénoncés aux agents du fisc (2). Il en est de même dans le droit de Justinien (3); mais pour les *res fiscales*, il y a lieu à la prescription de trente ans (4), et pour les *fundi patrimoniales* de l'empereur, à la prescription de quarante ans (5).

LVI. N'ayant sur le droit du superficiaire contre les entreprises des exploitants, ainsi que sur la redevance qui lui était due, rien de plus à dire ici que ce qui est au § XXXIX, je vais terminer ce chapitre II et la partie consacrée au Droit romain par quelques mots sur la situation qui était faite à Rome à ceux qui recherchaient des *metalla*.

Dans l'ordonnance sur les trésors (v. Cod. Just. *de thesauris*, X, 15), il n'est nullement question des gîtes de minéraux : les anciens étaient plus sages à cet égard que beaucoup de modernes qui assimilent la découverte d'une mine à celle d'un trésor. Il n'était permis à personne de chercher un trésor dans le champ d'autrui contre le gré du propriétaire, et cependant on pouvait y

---

(1) F. 10, § 1, *De usurp.*, XLI, 3.
(2) V. titre du Dig., *De jure fisci*, XLIX, 14.
(3) F. 18, D., *De usurp. et usucap.*
(4) F. 6, Cod. Just., *De fundis rei priv.*, XI, 65.
(5) F. 14, Cod. Just., *De fundis patr.*, XI, 61. — Comp. Demangeat, *Droit romain.* — De Savigny, *System.*, V, p. 247. — De Vangerow, *Lehrbuch*, I, p. 148.

chercher des substances minérales malgré lui. Pourquoi cette différence? c'est que la découverte d'une mine se lie à l'intérêt général, tandis que la trouvaille d'un trésor intéresse surtout les particuliers : « *Thesauri inveniendi causâ nemini licet agrum alienum, invito domino, ingredi, et tamen lapidicinam aut metalla possum, eo invito, in ejus fundo quærere; cur tam variè? publica utilitas metalli inventione continetur, thesauri privata* (1). »

(1) Godefroy. Note, p. 854. — Cod. Th., *De thesauris.* — *Francoforti ad Mœnum.*, 1668.

TROISIÈME PARTIE.

DROIT FRANÇAIS ANCIEN.

CHAPITRE Ier.

DE LA PROPRIÉTÉ DES MINES AU POINT DE VUE ADMI-
NISTRATIF, DANS LE DROIT FRANÇAIS ANTÉRIEUR A LA
LOI DU 21 AVRIL 1810 (1).

LVII. Au Moyen-âge et au commencement des temps
modernes, l'exploitation des mines françaises fut poussée
avec ardeur. Les seigneurs suzerains, les ordres reli-
gieux, des particuliers, entreprirent à leurs frais de
grands travaux. Au pied des Pyrénées, sur le versant
français des Alpes, dans les Vosges, dans la Bretagne,

---

(1) V., pour toute cette partie : Lamé-Fleury, *Législation minière sous
l'ancienne monarchie* (textes).

tout autour du plateau central, notamment dans les montagnes du Lyonnais, du Forez, du Vivarais, dans les Cévennes, les monts de la Lozère, etc., des exploitations s'ouvrirent, qui récompensèrent plus ou moins amplement les chercheurs. L'argentier du roi Charles VII entr'autres, Jacques Cœur, trouva dans cette industrie l'origine de l'immense fortune qui devait lui susciter tant de jaloux et le perdre dans l'esprit de son maître. Mais l'exploitation des mines d'Amérique, qui fit baisser le prix des métaux et entraîna les mineurs au loin ; la mauvaise administration de nos derniers rois, qui abandonnèrent l'exploitation minière à des favoris incapables (1) ; une foule d'autres raisons, les guerres, la révocation de l'édit de Nantes, amenèrent peu à peu l'abandon de nos mines. Ce n'est guère que depuis une quarantaine d'années qu'elles se relèvent de leurs ruines et retournent insensiblement une à une vers la prospérité.

Dans l'étude que nous commençons sur le droit français ancien d'abord, puis sur le droit français moderne, la législation va nous présenter trois périodes bien distinctes : 1º Une longue période de tâtonnements qui ne se termine qu'en 1791 ; 2º la période de perfectionnement qui n'a duré qu'une vingtaine d'années : elles fourniront matière à ce chapitre Iᵉʳ ; 3º la période relativement définitive qui commence avec la loi du 21 avril 1810 ; période à laquelle notre quatrième partie sera consacrée tout entière.

La période qu'embrasse le chapitre Iᵉʳ peut, à son

(1) L. Simonin. *Mines et mineurs*, loc. cit.

tour, se subdiviser en quatre époques : 1° Du commencement de la monarchie française à 1548 : principes assez peu nets d'abord ; puis de 1413 à 1548, liberté d'exploitation accordée à chaque particulier ; 2° de 1548 à 1601 : concession de toutes les mines à un privilégié ; 3° de 1601 à 1791 : retour successif aux systèmes des deux premières époques ; premiers règlements techniques ; origine de l'administration des mines ; 4° de 1791 à 1810 : période de perfectionnement.

Ces quatre époques vont être examinées dans autant de sections.

SECTION Ire.

DU COMMENCEMENT DE LA MONARCHIE A 1548.

LVIII. Après la chute de l'Empire romain, la jurisprudence, cet objet d'études passionnées à Rome, tomba dans l'obscurité. A peine quelques manuscrits échappés aux invasions furent-ils conservés dans les couvents ; mais sur ces débris s'établit une législation nouvelle. A mesure que la civilisation ancienne gagna les peuplades barbares, elles empruntèrent au Droit romain ses principes, les mélangèrent avec leurs coutumes, et c'est de là que sortirent les législations modernes. Nous ne retrouvons pas cette transition dans la législation des mines, et bien du temps s'écoule sans que nous rencontrions sur notre route aucun monument législatif qui leur soit applicable (1).

(1) A. Le Guay. *Op. cit.*, p. 23.

Sous les rois de la première race, les mines étaient frappées d'un impôt en faveur du prince. Nous en trouvons la preuve dans une chronique de Duchesne qui rapporte une charte de Dagobert Ier, de l'an 635. Le roi donne aux moines de Saint-Denis, pour la couverture de leur église qu'il avait fondée, 8,000 livres de plomb à *prendre sur le cens* qu'il tire tous les deux ans des produits de ce métal : « *Plumbum quod ei ex metallo censitum in secundo semper anno solvebatur, libras octo mille ad cooperiendam eamdem supradictorum martyrum ecclesiam contulit* (1). »

Sous la seconde race, on trouve aussi un témoignage de l'exercice du droit de souveraineté sur les mines. Par lettres patentes datées du cap de Naou, en Provence (786), Charlemagne donne pour apanage à ses fils, Louis et Charles, les villes d'Ask et de Glichen, en Thuringe, avec la faculté de chercher et d'exploiter, dans leur territoire, l'or, l'argent et les autres métaux (2).

Cet empereur comptait parmi les revenus de sa couronne la recette qui provenait des mines de plomb et des forges, et s'en faisait rendre compte tous les ans : *Quid de ferrariis et scrobis*, etc. *Capit. Car. mag. de villis* (art. 62, édit. Baluz., Paris, 1780, t. 1, p. 340.)

En concédant les mines depuis cette date, les rois de France et les empereurs accordaient aussi le droit de frapper les monnaies : « *Insuper ut debeatis et possitis aureos, grossos et denarios monetare..... ut bona moneta tanquam nostra*, etc. ; » d'où il suit que les barons de

---

(1) *Dagoberti vita*, I, cap. XLI, p. 585.
(2) F. Prunet, p. 47 ; et *Annales des mines*, 3e série, III, p. 626.

France n'ont obtenu le droit de battre monnaie que parce qu'ils exploitaient des mines dans leur territoire, ou parce que le commerce les mettait à portée d'obtenir des métaux du dehors. Et aussitôt que nos rois ont interdit aux barons la faculté de battre monnaie, la juridiction des mines et monnaies a été attribuée aux cours souveraines des monnaies (1).

Quels étaient alors les droits du propriétaire du sol ? Nous ne trouvons pas de documents sur ce point ; mais il est à présumer qu'ils étaient fixés à une certaine fraction des produits comme dans la législation romaine sous les derniers empereurs, car les dominations barbares, en se substituant à l'administration romaine, eurent soin de conserver ou faire renaître les impôts que celle-ci avait créés.

LIX. Après la mort de Charlemagne, la féodalité transporta aux seigneurs possesseurs de fiefs le droit royal sur les mines, avec les autres attributs de la souveraineté. Jusqu'en 1443, nous n'avons d'autres dispositions relatives aux mines que : 1° une concession de l'empereur Louis Ier, donnée à Reims la cinquième année de son règne en faveur d'une église : « *Præter hæc concedimus quemdam locum fisci nostri ad fodiendam minam plumbi congruam in lago Launense* » (Goldart) ; 2° un texte des Etablissements de saint Louis, qui porte : *fortune d'or trouvée en terre appartient au roi, fortune d'argent au baron,* c'est-à-dire la dîme sur les mines d'or revient au roi, la dîme sur les mines d'argent au baron. (Texte reproduit dans l'art. 61 de la Coutume d'Anjou,

(1) Gobet. *Anciens minéralogistes,* loc. cit.

dans l'art. 70 de la Coutume du Maine, et dans la *Somme rurale* de Boutellier, titre du droit ou *ber*) (1). Mais encore faut-il admettre que le mot *fortuna* veut dire *mine*, car si on lui accorde son sens beaucoup plus naturel de *trésor*, ce texte devient tout-à-fait étranger à notre matière ; 3° une ordonnance de Philippe-le-Long de 1321, qu'on prétend applicable aux mines.

Sous la troisième race de nos rois seulement, nous trouvons des lettres patentes du roi, reproduisant les principes romains, objet de nos précédentes études. L'impôt du dixième fait la base de ces ordonnances, qui se renouvellent désormais à court intervalle sous les successeurs de Charles VI.

Charles VI, le premier, ressaisit, *législativement* du moins, un droit sur les mines ; par lettres patentes du 30 mai 1413, à Paris, le roi déclare reprendre son droit, « *à l'exclusion des seigneurs tant d'église que séculiers pour la dixième partie des dites mynes.* » Cette ordonnance établit en outre la liberté pour « *tous myneurs et autres de quérir, ouvrir et chercher mynes par tous lieux où ils penseront trouver ; icelles traire et faire ouvrer, ou vendre à ceux qui les feront ouvrer et fondre, payant à nous notre dixième franchement et en faisant satisfaction à celui ou ceux à qui lesdites choses seront ou appartiendront..... sans que nous soyons tenus d'y frayer aucune chose si n'était pour maintenir et garder ceux qui font ouvrer et sont résidents.....* » Les seigneurs des terres où se découvrent les mines doivent céder ces fonds aux

---

(1) V. aussi R. Choppini, *De domanio,* p. 214 et ss.; traduction de 1662, in-f°.

maîtres (c'est-à-dire aux inventeurs) à prix raisonnable, ainsi que les bois et autres choses dont ils peuvent avoir besoin.

Ainsi, le roi reconnaît le droit du propriétaire du sol, qui consiste en une indemnité ; mais, en même temps, il se reconnaît à lui-même un droit supérieur, celui d'attribuer l'exploitation à l'inventeur et de percevoir un dixième du produit.

Cet impôt du dixième, on le reconnaît généralement, remonte au Droit romain où il existait, nous l'avons vu, avec une quotité identique. Il fut le point de départ de la doctrine et de la jurisprudence qui en arrivèrent plus tard à attribuer aux rois de France, non plus un simple droit de souveraineté, mais la propriété complète des mines.

Pour encourager les exploitations minières dont il comprend l'utilité, Charles VI leur accorde des priviléges et des garanties spéciales. C'est ainsi qu'il dispense les ouvriers mineurs, les ferronniers et marchands de fer de tout autre impôt que de l'impôt du dixième, notamment des tailles et de la gabelle. Cette immunité est étendue à leurs enfants et à leur famille, *qu'ils soient français ou étrangers.*

L'ordonnance de 1413 fut confirmée en 1455 par Charles VII, sous lequel Jacques Cœur eut le bail général des monnaies et des mines ; et ses principes furent étendus à toute la France par Louis XI, dans l'ordonnance qu'il rendit à Montil-lez-Tours, en septembre 1471, pour tâcher de ranimer les travaux souterrains interrompus ou abandonnés par suite des longues guerres qu'il y

avait eues dans le royaume, par la perte des hommes
expérimentés, et par l'insuffisance des règlements.

LX. Cette ordonnance ouvrit une voie toute nouvelle
à la législation minière. La propriété privée y est reconnue, mais déjà diminuée, rétrécie, déjà menacée dans
son existence par l'accroissement de l'importance donnée
à l'intérêt général, car le grand avantage que doit
retirer un peuple de ses richesses souterraines n'avait
point échappé à la politique pénétrante de Louis XI.

Voici quelles sont les principales dispositions de cet
acte royal : Il institue un grand-maître *superintendant
des mines*, ayant pouvoir d'ouvrir et d'exploiter, par lui
ou ses lieutenants, toutes mines existant en France, soit
dans les lieux appartenant au roi, soit dans ceux appartenant à ses sujets, *sauf indemnité en ce cas au seigneur
tréfoncier*.

Cette indemnité ne représente point le prix de la surface, mais le prix du sous-sol ; le mot *tréfoncier* le dit
assez, et, de plus, la base de l'indemnité ne peut laisser
aucun doute, car elle est réglée non pas d'après la valeur
enlevée à la culture par l'exploitation de la mine, mais
d'après la valeur et les produits de la mine elle-même.

Les propriétaires doivent faire dans les quarante jours
déclaration des mines existant sur leurs propriétés, et
« *si ainsi est que d'eux-mêmes ils veuillent entreprendre
la conduite de besogner lesdites mines.* » Le grand-maître
examine s'ils sont ou non capables d'exploiter : « *Voir
au surplus comment lesdicts maîtres se pourront mieux
conduire à notre profit et pour le bien d'iceux* (1). »

(1) § 4 de l'ordonnance.

Faute de déclaration dans le délai voulu, le propriétaire est déchu pendant dix ans des avantages qu'il pourrait retirer de la mine. Si, déclaration faite, le propriétaire ne veut ou ne peut exploiter, le grand-maître
accorde à d'autres le droit d'exploitation sous la condition d'indemniser le propriétaire tréfoncier. Le seigneur
a un délai de trois mois pour se faire subroger, s'il le
juge avantageux, aux droits de son vassal qui n'exploite
pas.

Toutes ces dispositions sont déjà fortement empreintes
de cette idée qui est le fond de notre législation, que nul
ne peut exploiter une mine sans en avoir obtenu une
concession de l'État. Bien plus, les mines non encore
découvertes tombent dans le domaine de l'État, qui en
dispose comme il l'entend : *toujours sauf indemnité au
propriétaire du fonds* (1), ce qui empêche la propriété
privée d'être complètement sacrifiée. — Le droit de recherche est accordé sans aucune indemnité sur les *landes
ou terres incultes*, mais il est sagement interdit sur les
champs mis en culture et les *enclos attenant aux habitations.*

Le roi fait abandon pendant douze ans du produit de
son droit de dixième ou *régale*, pour le grand-maître, ses
officiers et les exploitants, *à cause des frais et dépenses
qu'il leur convient de faire* (2).

« Louis XI voulait, raconte Gobet (3), faire travailler
» aux mines de France avec la même activité qui se
» pratiquait alors en Allemagne, en Hongrie, en Bohême,

(1) V. § 9 de l'ordonn. et l'arrêt d'enregist., art. 9.
(2) V. arrêt d'enregist., art. 10.
(3) Anciens minéralogistes, *loc. cit.*

» en Pologne, en Angleterre et en Espagne ; c'est pour-
» quoi il exempta encore pendant vingt ans de tous
» droits d'aubaine les étrangers mineurs qui viendraient
» dans le royaume pour y travailler aux mines, *même*
» *pendant les guerres entre lui et leurs propres souverains,*
» avec liberté d'aller et de venir comme pendant la paix,
» en prenant un congé du général des mines ou de son
» lieutenant, pourvu qu'ils n'aient rien tramé contre
» l'État. »

Ces priviléges libéraux étaient accordés tant aux Français qu'aux étrangers, à charge d'entretenir et d'armer
des francs-archers pour le service du roi.

Les successeurs de Louis XI, Charles VIII (1),
Louis XII (2) et François Ier (3) consacrèrent les mêmes
principes, mais en étendant toujours les priviléges des
mineurs, et en restreignant de plus en plus le droit du
propriétaire du sol, au bénéfice du droit régalien. Parti
du principe de la propriété privée des mines, le législateur, qui n'a pas songé tout d'abord à le contester, arrive
insensiblement à n'en plus tenir compte. Nous sommes
conduits ainsi à la période du monopole.

SECTION II.

DE 1548 A 1601.

LXI. Sous Henri II, le principe de la propriété privée
disparaît et la nouvelle législation ne présente plus qu'un

(1) Ordonn. de 1483.
(2) Ordonn. de 1498, 1506, 1514.
(3) Ordonn. de 1515, 1519, 1521.

caractère, l'intérêt général, ou plutôt l'intérêt particulier du souverain qui personnifie alors l'État. *Les mines appartiennent à l'État;* le droit du propriétaire à une indemnité s'évanouit, de même que le droit de préférence pour lui ou le seigneur féodal. Tout au plus respecte-t-on les droits de mines antérieurement acquis.

« Jean-François de la Roque, chevalier, sieur de
» Roberval, exposa au roi qu'il y avait dans le royaume
» plusieurs mines et substances terrestres comme azur,
» ocre, azur commun, verdet ou naturel, antimoine,
» orpiment, soufre, calamine, vitriol, alun, gotran,
» gommes terrestres, pétrole, charbon terrestre, houille,
» sel gemme, jayet, jaspes, pierres fines, pierres étran-
» gères (*sic*), qu'il voulait ouvrir (1), » et le roi,
de par son autorité, selon lettres-patentes du 30 septembre 1548, accorde audit de Roberval, *seul,* pour en jouir *lui, ses hoirs et ayant cause à perpétuité,* toutes les mines qu'il pourra découvrir pendant neuf ans, toutes celles qui ont pu être ouvertes par d'autres sans concession royale, et toutes celles qui peuvent se trouver abandonnées. Roberval promet d'avoir ouvert, à la fin des neuf années de sa concession, et d'avoir mis en œuvre trente mines ou plus, tant métalliques qu'autres, et le roi le déclare paisible possesseur de ces mines à perpétuité, sauf la dîme royale qu'il devra payer, mais dont il est exempté pour les trois premières années.

Roberval concentre ainsi en lui seul le droit jusque-là commun « *à tous mineurs, d'ouvrir, profonder et chercher tous et chacun les mines.* » Il a la faculté de « *prendre*

---

(1) Gobet. *Loc. cit.*

*ès lieux prochains qui lui semblent être propres à ce,
tant terres que héritages, ruisseaux, en payant raisonnablement aux propriétaires le dommage et intérêt qui leur
serait fait pour le regard de la valeur desdites terres seulement et non des mines y étant.* » Cette indemnité est
assimilée à celle qui sera due aux propriétaires voisins
de l'exploitation, au cas où Roberval jugerait utile à ses
mines ou à ses forges d'ouvrir des chemins, voies, etc.
Ces propriétaires seront d'ailleurs traités comme les propriétaires des bois qui sont tenus de fournir le bois à
prix ordinaire, et de laisser Roberval choisir les arbres
qui lui conviendront, étant en outre frappés de l'interdiction de défricher dans le cas où les bois voisins seraient
utiles aux forges.

M. de Roberval, concessionnaire exclusif, reçoit encore
du roi le titre de grand-maître superintendant et général
réformateur des mines et minières. Bien plus, il est ins-
titué justicier : « Il videra par lui ou ses lieutenants les
» affaires qui surviendront entre ses ouvriers ou toute
» autre personne de sa dépendance. Ses jugements doi-
» vent être exécutés *nonobstant appellations ou oppositions*
» *quelconques,* le roi ne voulant qu'il soit différé, fors
» quant aux jugements de mort et de question où il ne
» pourra être passé outre..... Ce petit tyran de la Roque
» a dû faire en France bien du mal (1)..... »

LXII. Cette ordonnance, qui brisait ainsi la tradition
en méconnaissant complètement le droit des superficiaires, peut s'expliquer par le désir de relever la situation des mines qui dépérissaient chaque jour (2).

(1) Gobet. *Loc. cit.*
(2) F. Prunet. *Op. cit.,* p. 50.

Les efforts de Charles VI et de Louis XI étaient restés impuissants ; les remises de l'impôt du dixième pendant plusieurs années, les franchises nombreuses accordées aux mineurs, tout cela n'avait point suffi pour attirer les capitaux, si rares et si peu hardis à cette époque, dans les entreprises de mines qui en demandent de considérables. C'est pour cela que Henri II, afin d'exonérer les exploitations autant que possible, supprime le droit des propriétaires de la superficie, et, maintenant les anciennes immunités, en accorde aux mineurs de nouvelles, telles que le droit d'association, le droit de porter les armes, l'exemption d'impôts de toute nature ; octroie aux mineurs étrangers des lettres de naturalité avec faculté d'acquérir et de transmettre en France ; renonce pour trois ans à ses droits de dixième, etc. Mais, en même temps, il réserve un droit du quarantième au profit des seigneurs justiciers, redevance dont on ne trouve aucune trace dans les ordonnances de Charles VI et de Louis XI ; concession faite par la royauté à la féodalité, espèce de transaction qui a pour but d'assurer la tranquillité des exploitants en empêchant toute entreprise de la part des seigneurs qui élevaient toujours des prétentions sur le droit du dixième.

Tel fut le système inauguré par Henri II et continué par François II, Charles IX et Henri III, système que nous cherchons à expliquer sans l'approuver, car le sacrifice complet d'intérêts aussi sacrés que ceux du superficiaire, sans indemnité ni compensation pour celui qui est dépouillé, constitue toujours un état de choses fâcheux, qu'aucun motif ne saurait justifier. « Aussi,

» nous dit Grar (1), il ne faut pas croire que la dépos-
» session des propriétaires du sol et le monopole accordé
» fussent patiemment soufferts ; qu'il n'y eût ni récla-
» mation, ni opposition ; que tout cela fût considéré,
» ainsi que quelques auteurs le supposent aujourd'hui,
» comme l'exercice tout naturel d'un droit reconnu et
» incontestable..... Il n'en fut point ainsi, car les édits
» eurent beaucoup de peine à obtenir· leur enregistre-
» ment par les Parlements ; car les individus investis
» successivement du monopole durent céder à la résis-
» tance qu'ils rencontrèrent, et les mines étaient dé-
» laissées, lorsque Henri IV, par son édit de juin 1601,
» changea encore la législation. Cette époque, qu'en
» considérant la volonté du roi comme dégagée de tous
» les obstacles qu'elle rencontra, l'on appelle époque du
» monopole, n'est donc en réalité, en fait, qu'une époque
» de luttes, d'anarchie et de tentatives d'usurpation
» des droits antérieurement reconnus, tentatives dont
» nous verrons les résultats en parlant de la troisième
» époque. »

SECTION III.

DE 1601 A 1791.

LXIII. La législation que nous venons d'apprécier
disparaît sous Henri IV, pour faire place à un nouveau

(1) Grar. *Traité de la houille,* p. 114.

système qui a pour base l'idée de concession, caractère essentiel de cette réforme.

Tout particulier peut rechercher et ouvrir des mines partout où il le jugera convenable, à charge d'obtenir préalablement l'autorisation du grand-maître, qui n'est plus désormais un concessionnaire général et qui ne peut plus exploiter à son profit, mais qui peut seulement concéder les mines à qui il juge utile de le faire.

Le droit du superficiaire reparaît sous la forme d'un droit de préférence à l'obtention de la concession : c'est à lui qu'elle sera accordée s'il la demande et s'il est capable d'exploiter; *mais dans le cas où il ne sera pas concessionnaire, il n'aura droit à aucune indemnité.*

On voit que ces dispositions, moins sévères que celles de l'ordonnance de 1548, sont encore très dures pour le propriétaire.

Le roi abandonne son dixième sur les mines de houille par grâce spéciale, porte l'ordonnance, « en faveur de » notre noblesse et pour gratifier nos bons sujets pro- » priétaires des lieux; » puis, par un édit du 16 août 1603, dispense du même droit le soufre, le salpêtre, le fer, l'ocre, la houille, l'ardoise, le plâtre, et en général toute matière servant à la construction.

Toutes ces dispositions furent confirmées par un autre édit de 1604, qui prescrivait en outre des mesures de police et des dispositions pénales, entr'autres la déchéance des concessionnaires dans certains cas. « Il y a des lois » sages dans cet arrêt, dit Gobet (1); mais quand il est » question de carcans, d'estrapades et autres représen-

_____

(1) Gobet. *Op. cit*, p. 31.

» tations patibulaires dans les mines, on s'aperçoit du
» despotisme des intéressés. »

LXIV. L'édit de 1604, dans son ensemble, resta ainsi
la loi fondamentale du royaume en matière minérale, et
donna une certaine impulsion aux recherches et aux
exploitations minières, notamment à celles de houille (1).
Plusieurs documents publiés dès la première moitié du
xviie siècle firent connaître à la France des ressources
généralement ignorées, et signalèrent l'existence du
charbon de terre aux environs du Vigan, d'Alais, de
Saint-Gervais, de Roujan, de la Cannette, d'Ahun, etc.
Quelques traditions locales donnent d'ailleurs lieu de
croire qu'il existait déjà, vers le milieu du xviie siècle,
des extractions régulières de combustible dans les bassins
de la Loire, de Brassac et de Decise (2).

« On a trouvé aux mêmes époques, ès-monts Pyré-
» nées, des mines de talc et de cuivre, avec quelques
» mines d'or et d'argent; aux montagnes de Foix, des
» mines de jayet et de pierres précieuses, jusqu'aux
» escarboucles; ès terres de Gévaudan et ès Cévennes,
» mines de plomb et d'étain; en celles de Carcassonne,
» mines d'argent; en celles d'Auvergne, mines de fer;
» en Lyonnais près Saint-Martin, celles d'or et d'argent;

(1) Un fait, dit Grar, n'a peut-être pas été étranger au système introduit ou renouvelé par Henri IV et peut servir à l'expliquer. Henri IV,
avant d'être roi de France, était comte du Rouergue, qu'il réunit à la
couronne. Or, bien avant 1604, les habitans de ce comté étaient en possession d'exploiter librement la houille en payant un droit de *cens* à
leurs seigneurs. Il ne serait pas étonnant qu'Henri IV se fût souvenu que
ce pays, peut-être le plus pauvre de France, n'avait que cette seule ressource.

(2) *Résumé des travaux statistiques de l'administr. des mines,* 1838,
p. 14.

» en Normandie, d'argent et de bon étain ; à Annonay,
» en Vivarais, mines de plomb; en la Brie et Picardie,
» mines de marcassites, d'or et d'argent (1). »

LXV. L'exploitation des mines fut dans un état déplorable pendant le règne de Louis XIII, malgré son édit de 1626. (V. § LXVI ci-après.)

Sous Louis XIV, Colbert, en grand ministre qu'il était, s'occupa des houillères et voulut entreprendre aussi l'exploitation des mines. Il y employa le chevalier de Clerville, l'un des vérificateurs du canal du Languedoc, et César d'Arcons qui a écrit un ouvrage à ce sujet. Ce sont là les seules mesures administratives que nous ayons à relever sous Louis XIV, sauf cependant ce que nous allons voir un peu plus loin à propos des fers et de leur marque.

Sous Louis XV, changement des plus considérables : l'ordonnance de 1722, qui remplace comme loi générale l'édit de 1601, revient au principe absolu de Henri II et de l'ordonnance de 1548. Le système du privilége exclusif, sans indemnité ni préférence pour le propriétaire du sol, est rétabli et va subsister jusqu'à la révolution de 1789. Ce système, l'ordonnance elle-même nous l'apprend, est ainsi réintégré à cause de l'impuissance des systèmes précédents à créer une administration utile des mines du royaume. Seulement, au lieu de donner le monopole à un concessionnaire général ayant le droit de choisir des associés, le roi le donne à une compagnie, mais il en détache les priviléges de juridiction et le titre de grand-maitre des mines donnés aux concessionnaires

(1) Gobet. *Op. cit*, p. 29 (d'après Cayet).

par Henri II. Ces priviléges, ainsi que ce titre, sent accordés au prince de Condé, Louis-Henri de Bourbon, qui conserve le droit de concession pour l'avenir, sous la réserve de n'en accorder aucune dans un rayon de six lieues des mines exploitées par la compagnie dont la concession doit avoir une durée de trente ans.

La compagnie, de son côté, obtint de grands avantages : 1º La dispense complète du droit de souveraineté du dixième pendant la durée de la concession ; le droit même de percevoir à son profit ce dixième sur toutes les mines à ouvrir ou déjà ouvertes auxquelles le roi n'en aura pas fait remise ; 2º l'achat par l'État, à certaines conditions, des cuivres extraits des Pyrénées ; 3º le droit de faire partie de la compagnie sans déroger à la noblesse, laquelle peut, au contraire, s'acquérir par certains services rendus à l'industrie minière ; 4º la prestation par le roi d'une certaine quantité de poudre à mine.

Sous le règne de Louis XVI, un arrêt du conseil du 19 mars 1783 (important à connaître, car quelques-unes de ses dispositions font encore partie de notre législation actuelle) déclare que toute mine qui n'aura pas été mise en exploitation dans l'année qui suivra la concession sera retirée au concessionnaire, lequel devra se pourvoir devant le conseil du roi s'il veut de nouveau l'obtenir. En outre, il y a interdiction de par l'arrêt d'entreprendre ou d'abandonner des travaux sans autorisation de Sa Majesté ; obligation de déclarer l'état de la mine, le nombre, la nationalité, l'âge, des ouvriers et de toute personne employée à l'exploitation ; enfin, décision des plus heureuses pour l'avenir industriel de la France, le roi crée à l'Hôtel des monnaies une chaire destinée à l'enseignement de la minéralogie et de la métallurgie. En même temps, il organise un corps d'ingénieurs et d'inspecteurs chargés de visiter chaque année les mines et usines de leur arrondissement.

LXVI. Durant cette période de monopole, les mines de fer restèrent soumises à une juridiction spéciale. Un édit de Louis XIII, en 1626, avait ordonné aux propriétaires des terrains renfermant du minerai de fer, de les exploiter à première réquisition, pour fournir aux besoins des usines. Il avait réduit en même temps le droit du dixième et l'avait converti en un droit particulier dit *Droit de marque*.

Une ordonnance de Louis XIV, en 1680, autorisa les maîtres de forge à exploiter eux-mêmes les minerais de fer existant dans les terrains des tiers, après sommation faite à ceux-ci, et moyennant une redevance qui varia de un sol à deux sols six deniers par tonneau (de 500 liv.) de minerai extrait. Cette redevance consacrait le droit du superficiaire sur le sous-sol : nous ne trouvons alors rien d'analogue pour les autres substances métalliques.

Quant aux mines de houille, nous ne voyons pas à leur égard de législation particulière jusqu'en 1601 ; mais, à partir de cette époque, elles ont joui de priviléges spéciaux. Henri IV les affranchit du droit du dixième ; puis, un arrêt du conseil de 1698 autorise leur exploitation sans concession , au profit du propriétaire du sol, sans qu'il soit nécessaire, pour jouir des priviléges attachés à l'exploitation des mines, d'obtenir des lettres spéciales. Avec cette législation, les houillères furent au pillage.

Cet état de choses dura jusqu'au 14 avril 1744 : à ce

moment, l'exploitation houillère était presque ruinée par la concurrence illimitée, ou plutôt par un manque de débouchés suffisants. Pour remédier à ces maux, interdiction fut faite par arrêt du Conseil aux propriétaires du sol et aux seigneurs haut-justiciers d'ouvrir des houillères sans la permission du contrôleur des finances : ceux qui voudront ouvrir des mines de charbon de terre devront indemniser les propriétaires du terrain, de gré à gré ou à dire d'experts. L'arrêt ne parle pas des bases de l'indemnité ; il ne s'explique point sur la question de propriété du sous-sol, et l'on est embarrassé pour dire si ce sont les principes communs aux autres mines, ou ceux particuliers aux mines de fer, qu'il faut emprunter pour régler cette indemnité (1).

Les tourbières, s'exploitant à ciel ouvert et à une très minime profondeur, n'étaient pas soumises aux mêmes règles que les mines proprement dites. Toute personne pouvait ouvrir une tourbière en se conformant aux lois de police générale. On cite cependant un arrêt du Conseil du 17 juillet 1744, rapporté par Denizart, qui relate une concession de tourbière au profit d'un particulier.

Quant aux carrières, en général, bien que le Droit romain les eût assimilées aux mines, au moins sous le rapport de l'impôt du décime, elles échappèrent chez nous à la fiscalité royale et restèrent libres et franches dans les mains des particuliers. Ce n'est même qu'au dernier siècle qu'elles attirèrent l'attention du législateur. Un arrêt du 22 janvier 1706 les frappa au profit des

(1) Al. Le Guay. *Op, cit.,* p. 59.

Ponts et chaussées d'une servitude qui les grève encore aujourd'hui.

Nous n'avons pas encore prononcé le mot de *minières*, qui, dans notre loi de 1810, va prendre bientôt un sens technique. Je ferai observer en passant que ce terme se trouve employé comme synonyme de celui de *mines*, dans un édit de septembre 1570 qui porte : *minières d'or et d'argent*.

LXVII. Pour résumer tous les changements, toutes les hésitations que nous venons de parcourir à travers les nombreux monuments de notre ancien droit, on peut dire : 1º que le droit du propriétaire de la surface, reconnu par Charles VI et Louis XI, anéanti par Henri II, rétabli dans une certaine mesure par Henri IV, et aboli définitivement par Louis XV, n'a jamais consisté qu'en une indemnité ou un droit de préférence à la concession; 2º que les mines ont toujours été une dépendance du droit régalien, au point de vue de leur concession, de leur police, de leur impôt; 3º que les concessions trop souvent accordées à la faveur étaient ordinairement temporaires et révocables; qu'elles ne transféraient pas la propriété (habituellement du moins); aussi, était-ce une question fort discutée dans l'ancien droit que celle de savoir à qui appartenaient les mines. Le Conseil du roi les regardait comme une propriété domaniale, tandis que les Parlements, ceux surtout des pays de Droit écrit, les considéraient comme une dépendance de la propriété du sol (1).

La Révolution de 1789, en bouleversant le système

_____

(1) F. Prunet. *Op. cit.*, p. 53.

féodal et monarchique, eut nécessairement une influence
considérable sur la législation minière. C'est ce que nous
allons avoir l'occasion de démontrer dans la section suivante.

SECTION IV.

LÉGISLATION INTERMÉDIAIRE

LXVIII. Une ère nouvelle s'était levée sur la France,
un souffle libéral avait abattu, comme autant de ruines
ou d'obstacles, les lois, les usages, les institutions, les
priviléges de l'ancienne société. L'Assemblée nationale,
avec cette foi en elle-même qui faisait sa force et son
courage, foi jeune, ardente, enthousiaste, aurait voulu
ne laisser en dehors de son inspection, de sa révision,
nul point imparfait de nos lois, espérant, un peu naïve-
ment peut-être, qu'un mot émané de sa toute-puissance
suffirait désormais pour empêcher toute discussion, pour
régler définitivement tout litige.

La législation minière fut une des questions que l'Assemblée eut à examiner. Déjà hésitante et incertaine sous
la monarchie, cette législation s'était écroulée au premier
choc de la Révolution. Le droit du *dixième*, droit de souveraineté, droit féodal, avait été supprimé ; il en était de
même du *quarantième*, créé au profit des seigneurs hauts-
justiciers par Henri II (1). Ces deux droits, qui faisaient

(1) Alb. Le Guay. *Op. cit.*, p. 63.

le fondement de la législation antérieure, ayant disparu, les lois sur les mines n'étaient plus qu'une lettre morte. La plupart des concessions étaient d'ailleurs abandonnées ou sans activité (1). C'est à cette situation que le législateur devait remédier, voyons comment il s'acquitta de sa tâche.

LXIX. Les deux principes antagonistes que nous avons vus en lutte perpétuelle sous les rois étaient encore en présence au moment de la discussion de la loi de 1791. La propriété domaniale des mines, non plus fondée sur le droit de souveraineté, sur le droit régalien, mais uniquement sur l'intérêt de la nation, cherchait à s'introduire définitivement en France, en s'appuyant sur les progrès que l'exploitation des mines avait faits en Allemagne avec une législation de ce genre. D'un autre côté, la propriété privée, trouvant un appui dans les lois romaines et dans les idées d'équité, voyait une occasion de faire solennellement insérer son principe dans nos lois et de recouvrer en un jour tout le terrain qu'elle avait perdu sous la monarchie (2).

La question fut prise à ce point de vue élevé, et posée dans les termes les plus absolus : « Les mines peuvent- » elles être considérées comme des propriétés particuliè- » res ou comme des propriétés publiques? (3) »

Les comités ne voulurent admettre, ni le système de la propriété du sous-sol par le propriétaire de la surface, ni le système du premier occupant, imaginé par Turgot (4). Le rapporteur de la Commission, Regnault

(1) Blavier. *Loc. cit.*
(2) A. Le Guay. *Op. cit.*, p. 63.
(3) F. Prunet, p. 54.
(4) Turgot. *Mémoire sur la propriété des mines.* Paris, 1790.

d'Epercy, député du Jura, développa le système de la propriété publique et chercha à l'appuyer sur le droit naturel, les précédents historiques et l'intérêt général.

. La propriété des mines, complètement séparée de celle de la surface, était regardée comme un bien sans maître dont la nation devait diriger l'exploitation ; aussi, le projet portait-il en tête cette phrase : « *Les mines sont à la disposition de la nation.* » Puis le principe posé, les conséquences étaient développées dans les articles subséquents, mais plusieurs dispositions venaient restreindre le principe et même le contredire, par suite de protestations très vives qui se produisirent dans la Constituante elle-même et au milieu des populations minières, notamment dans le Forez. Ainsi, après la règle de la nécessité d'obtenir une concession pour exploiter une mine, venait comme tempérament la disposition suivante : lorsqu'une propriété était d'une étendue propre à former une exploitation suivant les principes de l'art, le propriétaire de la surface avait un droit de préférence reproduit de l'édit de 1601 ; il devait, dans le délai de six mois, déclarer s'il entendait ou non exploiter lui-même sous les conditions imposées aux concessionnaires ; de plus, il avait le droit d'exploiter à trente pieds de profondeur les mines superficielles de transport et d'alluvion, sous la seule obligation de fournir aux besoins des hauts fourneaux. Quant à la concession accordée par le gouvernement, elle ne donnait le droit d'exploiter que pendant 50 ans.

Mirabeau, qui consacra les derniers efforts de son talent à défendre le principe de la loi, analysait ainsi la

substance de celle-ci (1) : « 1º le propriétaire exploi-
» tant doit être maintenu, car l'intérêt public est alors
» rempli, et par là on prévient toutes les iniquités
» dont s'était souillé l'ancien régime ; 2º le proprié-
» taire qui veut exploiter doit être préféré, car il est
» débiteur envers la société de l'exploitation de la mine
» qui est à sa portée ; 3º il est inutile de concéder
» les mines dont l'exploitation est facile..... »

L'orateur, dit M. Le Guay, prétendit que ces dispositions étaient des modifications apportées au principe de
la propriété domaniale ; les députés opposants soutinrent
que les autres dispositions de la loi n'étaient que des
restrictions à la propriété privée, et voilà comment, partant d'un point tout opposé, les deux parties adverses se
réunirent sur un terrain neutre, s'entendant sur les faits
mieux que sur les mots.

LXX. La loi de 1791 est sortie de cette lutte et a
conservé le caractère de son origine : s'efforçant de
ménager tous les droits, de tenir compte de tous les
intérêts, même opposés, elle satisfit rarement les intéressés, et ne dura guère plus que le régime qui l'avait
enfantée.

Mais, en définitive, quel principe l'emportait ? Etait-ce
la propriété domaniale ou la propriété privée ? On ne
peut trop le savoir, car si, en analysant la loi, on arrive
à montrer la part faite aux deux principes antagonistes
d'où elle est sortie, le partage a été fait avec tant d'habi-
leté entre les adversaires, la transaction a été si parfaite

_____

(1) V. §§ LXXXV et ss. de plus longs développements sur les discours
prononcés alors par cet homme d'Etat.

entre les avis opposés, qu'il est impossible de dire
quelle doctrine a dominé.

On ne peut soutenir qu'une loi qui, dans son premier
article, contient ces mots : « *Les mines sont à la dispo-*
» *sition de la Nation,* » consacre le principe de la propriété privée ; ce serait mettre un non-sens dans la
bouche du législateur. Peut-on croire, d'autre part, que
le principe de la propriété domaniale est admis, lorsque
à chaque instant on le voit suspendu, mis de côté, en
faveur des propriétaires de la surface? Ce serait encore
faire injure au législateur, de dire qu'il a écrit son principe au frontispice de sa loi, afin de pouvoir violer ce
principe dans tous les articles subséquents. Répétons-le
donc, la loi de 1791 est une loi éclectique, ne résolvant
pas des questions de principe, mais cherchant à protéger
tous les intérêts et à remédier aux abus. A-t-elle répondu
aux espérances de ses auteurs? Non ! et c'est ce qui va
apparaître quand nous exposerons les motifs qui lui ont
fait substituer la loi de 1810.

LXXI. La loi était divisée en deux titres : le premier,
relatif aux mines à concéder (houillères, bitumes, pyri-
tes, substances métalliques ou non, exploitées sous forme
de mines) ; le deuxième, à celles qui peuvent être
exploitées sans concession, soit par le propriétaire du
terrain qui les renferme, soit par les maîtres de forge
(dont les usines doivent être permissionnées par le Gouvernement, ainsi que tous les autres établissements
métallurgiques).

Voici ce qu'ont obtenu les partisans de la propriété
privée : droit exclusif du propriétaire de la surface à la
jouissance des mines qui peuvent être exploitées, ou à

tranchée ouverte, ou avec fosse et lumière, jusqu'à cent pieds de profondeur (1) ; préférence de ce propriétaire sur les demandeurs en concession pour les autres mines (2) ; faculté pour lui d'exploiter, sans avoir besoin d'aucune permission, toutes substances autres que celles indiquées dans l'art. 1er (3) ; défense de faire à d'autres que lui des concessions qui excèdent cinquante ans (4). (L'inventeur a un droit de préférence, mais primé par celui du propriétaire.)

D'autre part : déclaration que les mines sont à la disposition de la nation (5) ; droit pour la nation de concéder à d'autres qu'au superficiaire (6) ; négation de toute indemnité au profit de ce dernier s'il n'exploite pas lui-même (7), sauf l'indemnité pour les dommages occasionnés à la surface par l'exploitation, indemnité s'élevant au double de la valeur intrinsèque de la surface du sol qui aurait été l'objet de dégâts et non-jouissances ; retour à l'État, en cas d'abandon de la mine (8). Voilà ce qu'obtinrent les défenseurs de la propriété publique.

Le gouvernement, qui s'attribuait le droit de concéder l'exploitation des mines, ne réservait ainsi à la nation aucune part dans les bénéfices, et n'en attribuait aucune

---

(1) Art. 1er, Loi de 1791.
(2) Art. 3, *ibid.*
(3) Art. 2, *ibid.*
(4) Art. 19, *ibid.*
(5) Art. 1er, *ibid.*
(6) Art. 3, *ibid.*
(7) Art. 1 et 21, *ibid.*
(8) Art. 15, *ibid.*

aux propriétaires de la surface : sous ce rapport, on peut dire qu'il ne considérait les richesses souterraines ni comme faisant partie du domaine public, ni comme appartenant aux superficiaires. Cependant, le droit de préférence accordé aux propriétaires fonciers donnait bien aux mines le caractère d'un accessoire de la surface.

Les autres dispositions de la loi étaient secondaires ou relatives à la procédure des demandes en concession, aux affiches, aux oppositions, etc.

LXXII. Cette loi insuffisante donna lieu à de nouveaux abus que l'on essaya de réprimer plus tard par des actes administratifs, par l'institution d'un Conseil des mines, par plusieurs lois interprétatives et surtout par une instruction règlementaire du 18 messidor an IX. Mais ni la loi de 1794, ni les actes qui eurent pour but d'en fixer le sens et d'en rendre l'application utile, ni les efforts du Conseil des mines pour rendre florissants les établissements existants et pour en provoquer de nouveaux, ne purent suffire pour atteindre le but politique de l'exploitation des mines, c'est-à-dire pour en assurer la conservation et le progrès.

Les embarras et les craintes que devait produire une loi vague et incertaine opposaient un obstacle presque insurmontable à l'accroissement d'une branche d'industrie. si nécessaire néanmoins aux besoins de la société.

La durée des concessions, réduite à cinquante ans, présentait de grands désavantages : le concessionnaire, n'ayant que ce délai pour recouvrer les frais faits par lui, frais énormes souvent, exploitait sans bonne éco-

nomie, laissant les filons les moins riches pour n'attaquer
que les plus productifs, au risque de compromettre
l'avenir de la mine. Que lui importait l'avenir ! Il pouvait
espérer, s'il avait bien exploité, d'être préféré lors de la
nouvelle concession ; mais enfin, ce n'était là qu'un
espoir.

L'étendue énorme que l'on pouvait donner aux concessions offrait aussi un résultat tout-à-fait dangereux :
le concessionnaire, étant rarement assez riche ou assez
actif pour exploiter tout le territoire à lui concédé, se
contentait d'extraire par quelques puits pour satisfaire
aux obligations de sa concession, et, empêchant, par
l'étendue du terrain auquel il avait droit, des concur-
rences de s'établir dans son voisinage, tenait ses produits
à un prix exorbitant et nuisait gravement à l'intérêt général des populations.

Les propriétaires, usant de la liberté qui leur était
accordée d'exploiter jusqu'à cent pieds de profondeur
les mines situées sous leurs fonds, criblèrent, pour ainsi
dire, le sol de trous et d'excavations, et fouillèrent irré-
gulièrement les affleurements de tous les gîtes minéraux.
Les eaux gagnèrent bientôt ces travaux superficiels, et
il en résulta que l'exploitation future, en profondeur, se
trouva compromise (1).

De plus, ces exploitations superficielles, se rencontrant avec des exploitations plus profondes faites par des
concessionnaires, amenaient des discussions et des procès
interminables : il fallait savoir si le propriétaire de la
surface n'avait pas *foncé* au-delà de cent pieds ; si, de

(1) Et. Dupont. *Jurisprudence des mines,* I , p. 47.

son côté, le concessionnaire, en suivant un filon, avait bien respecté la couche supérieure de cent pieds d'épaisseur et n'avait pas porté préjudice au superficiaire... etc.

C'est pour remédier à ces inconvénients et à bien d'autres aussi préjudiciables à l'intérêt public que la loi du 28 juillet 1791 a été remplacée par celle du 21 avril 1810, qui régit encore aujourd'hui la matière des mines, et que nous allons aborder, après avoir, dans un court chapitre, recherché s'il existe quelques dispositions de notre ancien droit privé spécialement relatives aux mines.

CHAPITRE II.

DU DROIT PRIVÉ EN MATIÈRE DE PROPRIÉTÉ DES MINES DANS NOTRE ANCIEN DROIT.

LXXIII. Nous devrions à présent exposer les règles de la propriété privée des mines sous nos rois et durant l'époque intermédiaire, et indiquer les principes divers qui se sont succédé pendant ce temps dans nos coutumes et nos pays de droit écrit. Mais, outre que la propriété minière a subi des fortunes fort diverses que nous venons de voir en nous attachant à suivre la longue période qui s'étend des débuts de notre monarchie au commencement du XIXe siècle ; outre que ce serait une tâche peu proportionnée aux autres parties de notre travail que d'aller scruter une à une nos innombrables coutumes pour en extraire les règles de la propriété, de l'usufruit, de l'hypothèque des mines ; outre ces rai-

sons, dis-je, il existe un motif encore beaucoup plus
péremptoire qui m'oblige à limiter ce chapitre dans des
développements insignifiants. Ce motif est que, malgré
des recherches longues et minutieuses dans nos vieux
auteurs, notamment dans les *Etablissements de St-Louis*,
dans *Choppin*, *de domanio et de sacra politia forensi*,
dans la *Somme rurale de Boutellier*, les *Institutes de
Loysel*, le *Traité des droits de justice de Bacquet*, le *Coutumier général*, l'*Examen du droit des seigneurs de
Regnard*, la *Coutume de Nivernais* et les *Institutions de
Droit français de Coquille*, les *Ordonnances de Guénois*,
le *Speculum juris de G. Durand*, le *Conseil de Defontai-
nes*, les *Anciennes lois françaises d'Isambert*, le *Traité
de la communauté de Lebrun*, le *Traité des propres par
Renusson*, le *Répertoire universel de Guyot*, les *Edits,
ordonnances et arrêts de Mathieu*, dans *Denizart*, dans
l'*Ancien et le Nouveau Ferrière*, dans *Bourjon*, *de Lau-
rière*, *Jean Faber*, dans *Domat*, *Pothier*, *Merlin*, *Grar*,
Lamé Fleury, et un grand nombre d'autres ouvrages que
j'ai compulsés, je n'ai trouvé que des choses déjà connues de nous (v. le chapitre précédent), ou peu importantes.

Plusieurs de ces auteurs ne s'occupent pas du tout des
mines, et, parmi ceux qui en traitent, la plupart n'exa-
minent que la question administrative d'attribution de
leur propriété au roi, aux seigneurs ou aux propriétaires
fonciers. S'ils touchent par hasard à une question du
droit privé, c'est en général pour s'en tenir purement et
simplement aux règles du droit romain.

Au reste, il faut le reconnaître, l'industrie pendant
cette énorme période était peu développée ; la législation

minière livrée en quelque sorte à la fantaisie royale variait
incessamment; l'exploitation, donnée le plus souvent à la
faveur et attribuée par conséquent à de grands seigneurs,
devait peu intéresser la masse des particuliers ; de telle
sorte qu'on avait dû peu se préoccuper de trouver des
règles spéciales nouvelles pour la propriété privée de
cette sorte de biens. Le droit romain d'un côté, le droit
commun de l'autre, devaient suffire à cette réglementa-
tion. C'est du moins là ce que nous devons nous dire
jusqu'à ce que d'autres, plus heureux ou plus habiles que
nous, aient découvert des textes que nous avons inutile-
ment cherchés.

LXXIV. Ne fût-ce que pour mieux constater notre
indigence, notons les quelques traits suivants que nous
avons pu relever.

« Les choses minérales *étant en terre* sont réputées pour
héritages ou immeubles ; et séparées de terre sont tenues
pour *meubles* (1) » (art. 12, chap. 122, C. de Hainaut).

Nous savons que c'était une question fort discutée que
celle de savoir à qui appartenaient les mines ; que le
Conseil du roi était tout naturellement fort disposé à y
voir une propriété domaniale ; que les parlements, ceux
de Droit écrit surtout, soutenaient qu'elles étaient une
dépendance de la propriété du sol.

Voici ce que nous disent à cet égard Coquille et
Domat. Coquille (2) regarde comme de droit naturel la
propriété des mines pour le propriétaire du sol. Elles
font, dit-il, naturellement partie de la terre, elles sont

(1) Conf. aux art. 8, 9, de la loi de 1810.
(2) *Coutume de Nivernais.*

formées de sa substance, aussi leur propriété suit-elle la terre.

Domat, au contraire (1), s'appuyant sur la loi *cuncti qui per privatorum* (C. 3, Cod. Just., *de metall.*), dit que l'on peut mettre au nombre des fonds que les particuliers ne peuvent posséder de plein droit ceux où se trouvent des mines d'or, d'argent et autres métaux ou matières sur lesquelles le prince a son droit.

Le *Nouveau Ferrière* (2) vient soutenir l'opinion de Coquille en disant : « Le seigneur haut justicier n'a » jamais de part dans les mines, quoiqu'il en ait une » dans le trésor trouvé dans les terres de sa seigneurie. » La raison de la différence est que le trésor est mis » dans son lieu par main d'homme, mais les mines font » portion de la terre et aussi elles appartiennent à celui » qui est le propriétaire du sol. »

LXXV. Le droit d'*entre-cens* était le droit qu'avait le seigneur, notamment dans le Hainaut, de percevoir des exploitants une quantité de charbon en nature. C'était le second *rendage*, car l'histoire des fiefs nous apprend, dit Merlin (3), que les anciens seigneurs stipulaient leurs droits ordinairement en deux parties : une somme fixe, et une quotité de fruits, avec des journées employées à leur profit ; c'est ce qu'on appelait alors le *sur-cens*, l'augmentation du fermage.

Tous les actes des derniers temps sont conçus avec la stipulation du *cens*, redevance fixe en argent pour cha-

(1) Domat. *Lois civiles*, p. 18.
(2) *Nouveau Ferrière*, par d'Agar. 1804.
(3) Merlin, v⁰ *Mines*, § 1.

que corps de veine, et de l'*entre-cens*, redevance d'une quotité de paniers à l'extraction.

Entre-cens se prend aussi quelquefois pour les *censives*, et alors ce mot signifie un droit *inter censum*, un droit qui est compris dans les censives.

LXXVI. Denizart (1) déclare que l'usufruitier peut se servir des carrières, ardoisières, sablonnières et marnières pour sa commodité seulement, mais qu'il n'en peut rien vendre pour tirer parti du profit (2).

Comme les matières extraites des mines et des carrières ne sont pas, à proprement parler, des fruits ni des produits provenant de la chose, mais bien plutôt en réalité des fractions détachées de cette chose elle-même, il faut bien reconnaître qu'en thèse, et dans la rigueur des principes, l'usufruit d'une mine ou d'une carrière n'est point à l'abri de toute difficulté. Aussi, comprend-on que dans notre ancien droit l'usufruitier d'un fonds n'eût pas, en général, un droit de jouissance réelle sur les mines et carrières qui s'y trouvaient situées, ces mines et ces carrières fussent-elles même en exploitation à l'époque de l'ouverture du droit d'usufruit (3) : on exceptait toutefois le cas où une carrière, eu égard à sa richesse et à son abondance, paraissait être en quelque sorte inépuisable.

Le droit romain, nous le savons, avait consacré d'autres règles.

---

(1) Denizart, v° *Marne*.

(2) V. Basnage, t. II, p. 48, sur l'art. 365, *Coutume de Normandie*.

(3) V. Pothier. *Comm. sur la coutume d'Orléans*, X, n° 100. — *Traité de la communauté*, n°ˢ 97, 104. — *Du douaire*, n° 195. — V. aussi Delebecque, t. II, n° 1195. — Demolombe, X, n° 430. — Éd. Dalloz, I, p. 205.

L'article 598 de notre Code Napoléon ne fait que reproduire la doctrine qu'a émise Henrys, conseiller au présidial du Forez, en parlant des *carrières* ou *perrières* de charbon de Saint-Etienne (1).

LXXVII. Les pierres des carrières et les autres matières qui se tirent d'un fonds, comme la chaux, le plâtre, le sable et autres semblables, sont des revenus qui appartiennent au mari, nous dit Domat (2), soit que ces matières parussent lors du mariage, soit que le mari en ait fait la découverte, et en ce cas il recouvre les dépenses qu'il a faites pour mettre le fonds en état de produire ce nouveau revenu. Que si ces matières sont telles qu'on ne puisse les mettre au nombre des fruits et qu'elles ne fassent pas un revenu annuel, mais un profit à prendre une seule fois, ce sera un capital, et la dot sera augmentée de ce qu'il y aura de profit, la dépense déduite.

Et de son côté Ferrière ajoute (3) : « Quelques auteurs
» prétendent que le mari peut se servir d'une carrière
» qui était ouverte au temps du mariage dans l'héritage
» de sa femme, mais qu'il ne peut pas en ouvrir une
» parce que le fonds est véritablement diminué par la per-
» ception de ces pierres et que l'usufruit se doit exercer
» *salvâ rerum substantiâ*, en sorte que s'il le fait il doit le
» remploi des pierres qu'il en a tirées. Tel est l'avis de
» M. Brun (4).

» Je crois néanmoins le contraire et qu'un mari peut

----

(1) Henrys. Liv. IV, ch. VI, quest. 45.
(2) Domat. *Lois civiles*, p. 94.
(3) Ferrière (ancien), v° *Carrières*.
(4) Brun. *De la communauté*, 1, ch. 5, *distinct*. 2, *nombre* 20.

» ouvrir une carrière dans un héritage appartenant à sa
» femme, sans être tenu de faire le remploi des pierres
» qu'il en aura tirées, quoique l'usufruitier puisse en
» être empêché par le propriétaire pour peu que cela
» cause quelque incommodité au fonds.

» La raison de la différence est que, selon tous nos
» docteurs, le mari a beaucoup plus de droit dans la
» jouissance des biens de sa femme qu'un simple usu-
» fruitier. Il est considéré comme en étant le proprié-
» taire, qui cependant doit en user en bon père de
» famille. — D'ailleurs, un usufruitier ne travaille que
» pour lui, mais un mari doit travailler, non-seulement
» pour lui, mais encore pour l'avantage de sa femme
» et des enfants nés et à naître. Enfin, si les pierres que
» l'on tire d'une carrière, soit que l'héritage appartienne
» à la femme ou au mari, tombent dans la communauté,
» l'avantage est égal et réciproque. Ainsi, quoique les
» pierres ne puissent pas être réputées véritables fruits,
» elles doivent néanmoins être considérées *tanquam*
» *fructus* à l'égard de la communauté. (V. Cujas,
» *Lib. XV, Obs., cap. XXI*; — Godefroy, *sur la loi 7,*
» § 13, *D., solut. matr.*; — Mornac, *sur la loi 32, D.,*
» *de jure dot.; sur la loi dernière, D., de fundo dot.; et*
» *sur la loi 9, D. de usuf.*; — Henrys, *tom. I, liv. IV,*
» *quest. 45*; — Dupineau, nouvelle édit., *l. VIII, de*
» *ses arrêts, ch. 30*). »

QUATRIÈME PARTIE.

LÉGISLATION ACTUELLE.

LXXVIII. Nous arrivons enfin à la période moderne de notre législation minière, nous allons nous trouver en face d'une des lois les plus importantes pour la prospérité nationale, la loi du 21 avril 1810.

Il n'est pas entré dans mon esprit, je l'ai déjà expliqué, de faire un commentaire complet de cette loi qui a été du reste l'objet d'excellents travaux; nous aurons seulement à examiner ses dispositions essentielles. Mais avant de chercher à nous rendre compte des mesures auxquelles s'est arrêté notre législateur, nous avons à nous poser dès à présent et à tâcher de résoudre cette *question-mère*, si je puis parler ainsi, cette question principe : à qui doit appartenir la propriété des mines dans une législation rationnelle? Notre chapitre Ier tout entier va répondre à cette demande.

CHAPITRE Ier.

DU PRINCIPE DE LA PROPRIÉTÉ DES MINES.

Observations générales.

LXXIX. Supposons une peuplade comme on en rencontre encore dès que l'on met le pied hors de l'Europe, peuplade exclusivement composée de bergers et de chasseurs. Tant que ses troupeaux suffiront à lui fournir de quoi vivre, tant que le gibier abondera dans ses chasses, la terre sur laquelle elle trouve sa subsistance demeurera toute entière une propriété nationale ; tout au plus chaque membre de la tribu considérera-t-il comme son domaine momentané le terrain enfermé entre les piquets nomades de sa tente.

Le sol ne se convertit en propriétés privées que quand des individus ou des familles, par impulsion nouvelle, besoin ou intelligence, renoncent à la vie vagabonde et se mettent à cultiver certaines parties d'une façon permanente. Alors l'appropriation se produit, appropriation si conforme à l'esprit humain qu'elle s'est généralisée sur le globe et y a constamment persisté ; appropriation complètement légitime, après tout et malgré tout ce qu'on a pu en dire (1), car l'homme qui, au prix de ses

---

(1) *Contrà.* V. notamment Proudhon : *La propriété.*

sueurs, de ses souffrances, de mille dangers, défriche un terrain inculte, abat une forêt stérile, et produit ainsi de riches moissons ; l'homme qui a transformé ce terrain, qui l'a clos, fumé, ensemencé, qui lui a ouvert des voies de communication, cet homme a créé presque toute la valeur de cette terre naguère ignorée, dédaignée, sauvage ; il y a mis l'empreinte de sa personnalité : *il a fait la terre sienne*, selon l'énergique expression de Michelet ; la terre est à lui par la plus légitime des conquêtes *.

Nous lui concédons aussi, comme une dépendance indispensable de la propriété superficielle, l'épaisseur de terrain nécessaire pour bâtir, creuser des puits, recher-

---

* « Vous voulez travailler aussi, défricher la terre, semer des grains, » sonder des mines, s'écrie chaleureusement M. Ed. About dans sa langue » imagée, allez chercher des hommes, des chevaux, des bœufs, des se- » mences, des outils, du capital à foison. Amenez-en beaucoup, et » surtout beaucoup d'hommes. Le défrichement seul vous mangera » quelques existences, je vous en avertis. *Plus une terre est fertile, plus* » *on meurt à la défricher.* Un grand capitaliste s'écriait, il y a quelques » années, devant les marais d'Ostie : « Que de millions à prendre ! mais » il faudrait d'abord y enterrer cent mille Allemands. » Si vous n'avez » pas d'Allemands à enterrer, mon cher Monsieur, je ne vous conseille » pas de débuter dans le rôle de premier occupant. — On trouverait » encore, en cherchant un peu, des terres inoccupées : l'Afrique n'en » manque pas, ni l'Asie, ni l'Australie, ni le sud de l'Amérique. Mais » comme la nature y est toute neuve, comme le travail n'y a rien » ajouté, elles sont un *capital mort.* Elles ne valent pas les quelques » deux cents louis qu'il en coûterait pour les aller prendre. Voyez » combien il est difficile à un propriétaire français, luttant avec l'aide » des capitaux contre une terre cultivée, amendée, domptée depuis » plusieurs siècles, d'arracher un revenu de cinq pour cent. Que sera-ce » s'il faut exploiter sans capital un élément rebelle, un sol vierge et » farouche ? L'histoire des colonies agricoles ressemble trait pour trait » à l'histoire des inventions industrielles : le premier occupant, et le » second, et souvent même le troisième, se ruinent au profit de ceux » qui viendront après eux. Et ces gens là sont maudits comme accapa- » reurs ! *Il serait plus juste de les canoniser comme martyrs.* »

(Ed. ABOUT. *Le progrès,* p. 233 et ss.)

cher des sources, planter des arbres, extraire les matériaux propres à construire, etc.; en un mot, toute la
partie du sous-sol sans laquelle les actes qui constituent l'exercice ordinaire et usuel du droit de propriété
seraient impossibles, ou du moins gravement entravés (1).
Il sera ainsi le maître des diverses couches superficielles
renfermant les carrières et les tourbières qui, par leur
adhérence presque immédiate avec la surface du sol, semblent se confondre avec cette surface elle-même.

LXXX. Mais, en est-il de même des richesses minérales enfouies dans le tréfonds à une très grande profondeur, et que le cultivateur, le plus souvent, n'y a pas
soupçonnés? Evidemment, non. — Les travaux de culture de la surface ont-ils exercé une influence sur les
minéraux du tréfonds, leur ont-ils donné plus de valeur?

M. Ch. Comte (2) répond encore ici : « Non! Une
» mine située sous des campagnes florissantes n'est pas
» plus facile à exploiter que celle qui se trouve placée
» sous le sol le plus inculte ou le plus ingrat. L'or qu'on
» retire des flancs de la montagne la plus stérile n'a pas
» moins de valeur que celui qu'on va chercher dans les
» entrailles de la terre la mieux cultivée. » — Cette
réponse de M. Comte, vraie en partie, pèche par trop
d'absolu, car si le travail de la surface n'ajoute rien, en
effet, aux qualités intrinsèques du minerai, s'il ne fait pas
que le filon soit plus épais ou la veine plus abondante,
il est loin d'être indifférent, comme il l'écrit, d'exploiter

(1) Ed. Dalloz. *Op. cit.*, p. 11 et ss.
(2) Ch. Comte. *Traité de la propriété*, ch. XXII.

dans un pays désert, sans subsistances assurées, sans autre défense qus sa propre force, ou dans une contrée où abondent vivres, bras, débouchés, communications... Et, à ce compte, on doit tenir pour certain que le travail fait à la surface ajoute quelque chose à la richesse minérale, disons plus, donne en certains cas le maximum de valeur à cette richesse (*). Je tiens à noter dès à présent ce point, car il me paraîtrait à lui seul suffisant pour motiver dans notre législation la redevance que reçoit du concessionnaire le propriétaire du sol (§ CXV).

Mais s'il n'est pas juste de dire que l'appropriation par le travail d'une parcelle de la surface n'influe en rien sur la valeur des substances inconnues du dessous, on peut prétendre au moins, avec M. Comte, qu'entre le cultivateur et ces substances, il n'existe aucun rapport de création. Ce n'est point par elles qu'il a vécu, que ses habitudes se sont formées ; il n'a rien reçu d'elles, il ne leur a *volontairement* rien donné du sien, la nature a tout fait sans qu'il s'en soit mêlé. Il n'y a eu en jeu que des forces complètement étrangères à l'homme. Aussi, les publicistes comme les jurisconsultes se sont-ils généralement accordés à reconnaître que, pour acquérir la propriété d'une mine, il ne suffit pas de devenir propriétaire du sol sous lequel elle est située. C'est ce que

---

* Telle quantité d'or aux lieux de production ne vaudra pas la moitié de ce qu'elle vaudra, transportée en pays civilisé. Qui ne sait les prix exorbitants qu'atteignirent toutes choses sur les *placers* californiens au début des recherches : du pain, des souliers, une pelle, une pioche...., se vendaient des sommes folles ; ce qui revient à dire que l'or avait peu de puissance achetante, c'est-à-dire peu de valeur. Tout a repris un cours normal à mesure que le pays s'est peuplé, bâti, organisé. — V. dans le même sens notre § LXXXIX.

résume très bien Domat (1), en disant : « Le droit des
» propriétaires du sol, dans son origine, a été borné à
» l'usage de leurs héritages pour y semer, planter ou
» bâtir, ou pour d'autres semblables usages, et leurs
» titres n'ont pas supposé un droit sur les mines qui leur
» étaient inconnues. » Dès lors, les propriétaires du
sol, n'ayant point acquis au début le droit sur les mines,
n'ont pu le transmettre à leurs successeurs, et ces mines,
à la suite des transactions et des échanges qui ont été
appliqués depuis à la propriété foncière, n'ont pu être
transférées à des tiers.

LXXXI. N'hésitons donc pas à proclamer, en principe, que les richesses souterraines n'appartiennent pas
de plein droit au propriétaire de la surface : elles ne sont
à lui ni par la nature des choses, c'est-à-dire par l'occupation et le travail, lesquels ne s'y sont pas étendus ;
ni chez la plupart des nations par les dispositions des
lois. La raison d'équité et d'intérêt commun qui a fait
garantir aux premiers cultivateurs, pour eux et leur
postérité, le fruit de leurs travaux, n'a aucune application aux matières souterraines qui ne sont ni l'objet de
la culture, ni le produit du travail ; et que la société
elle-même, dans les temps voisins de l'origine, n'aurait
pu attribuer aux possesseurs du sol, par cette raison
bien simple qu'elles lui échappaient, étant alors tout-à-
fait ignorées.

Cette propriété souterraine a cependant trop d'importance pour rester sans maître, à qui sera-t-elle attribuée ?
C'est ce que nous allons examiner en discutant l'un après

(1) Domat. *Droit public*, I, ch. 2, liv. II, n° 19.

l'autre les quatre grands systèmes qui existent à ce propos, systèmes entre lesquels le législateur doit nécessairement faire son choix pour organiser la propriété des mines d'une manière plus ou moins conforme au droit naturel et à l'économie politique.

SECTION I.

SYSTÈME DE L'ACCESSION.

LXXXII. Ce système est celui que nous venons déjà de combattre incidemment, et qui veut faire de la propriété du tréfonds, *usque ad infera,* un accessoire de la surface.

Mais d'abord, il est difficile, philosophiquement, de concevoir entre les deux parties extérieure et superficielle de notre globe des rapports d'accessoire à principal : la masse terrestre est *une,* et si elle est douée d'une surface, c'est uniquement parce qu'elle n'est pas infinie, illimitée ; la surface n'est autre chose que la constatation visible, palpable de cette limitation. Comment donc cette sorte de section, simple manifestation de la forme sphérique, serait-elle l'objet principal, alors que le restant du globe tout entier ne serait qu'un accessoire ? Est-ce parce que cette surface joue le rôle essentiel dans notre petit monde ? Pour nous, qu'elle loge et nourrit, cela paraît tout d'abord hors de doute, mais évidemment cette importance n'est que relative, car sans le dessous la surface ne se soutiendrait point, n'existerait même pas. Qu'est-ce donc qu'une chose principale qui, séparée de son accessoire, est totalement dépourvue d'existence ?

Ensuite, que signifie le mot *accession ?* Un fait matériel, volontaire ou accidentel, qui vient faire adhérer deux choses auparavant étrangères l'une à l'autre, et dont l'une a un rôle principal, *prævalentia.* — Or, si ce fait est l'expression de l'extension d'un droit de propriété, il n'en est point le principe. Le vrai principe de l'acquisition de la propriété, lorsqu'un objet accède à un autre, est, soit l'occupation, soit le travail de l'homme, soit enfin une attribution directe que fait la loi de la propriété en se fondant sur des motifs d'utilité publique. Notre Code Napoléon, dans son article 712, a fait, il est vrai, de l'accession, un mode d'acquisition, mais il est généralement reconnu qu'il y a là une interprétation inexacte du droit romain. Dans le droit romain, l'accession n'a jamais constitué une manière d'acquérir ; il est facile de le démontrer par un dilemme irréfutable (1). En effet, ou bien la chose accessoire a perdu sa *substance,* c'est-à-dire la forme caractéristique qui la classe dans telle catégorie d'objets, et elle est dénaturée ; ou elle a conservé sa substance tout en étant réunie à une chose principale. Si elle est dénaturée, elle est chose nouvelle, *éteinte ;* or, *res extinctæ vindicari non possunt* : elle est devenue en quelque sorte *res nullius,* et le propriétaire de la chose principale l'acquiert par occupation. Si, malgré sa réunion à l'objet principal, elle avait conservé sa forme caractéristique, le maître demandait sa sépara-

(1) M. Humbert, à son cours.

tion par l'action *ad exhibendum* (1), puis revendiquait son objet et le reprenait s'il gagnait son procès : donc, la propriété n'en était point acquise au propriétaire de l'objet principal.

LXXXIII. Tout en faisant une restriction nécessaire (v. § LXXX), je crois avoir déjà démontré que celui qui a pris le premier possession d'une étendue de terrain et se l'est appropriée par le travail, n'a nullement exercé son occupation sur les matières du tréfonds. Dira-t-on encore que le propriétaire de la surface, par cela même qu'il possède telle portion du sol, possède aussi la portion correspondante du tréfonds minéral située perpendiculairement au-dessous : « La nature, comme le dit assez » singulièrement un auteur, n'ayant eu en formant les » mines d'autre but que favoriser les propriétaires des » fonds dans lesquels elle les a produites » (2)? Ce titre d'appropriation doit être admis pour les minières et les carrières qui semblent se confondre avec la surface elle-même, mais il ne saurait prévaloir relativement aux mines proprement dites qui se trouvent sous une grande profondeur. « Autant vaudrait dire que la possession des » propriétaires fonciers s'étend également au dessus, » c'est-à-dire par l'effet de la même fiction arbitraire sur » l'immense espace de l'atmosphère, à toute hauteur, » *usque ad supera*. Or, il ne viendra certainement à » la pensée de personne de considérer ainsi l'atmos- » phère qui, de sa nature, est du nombre des choses

---

(1) Sauf ces deux cas où l'action en séparation n'était pas possible : 1° le cas d'un édifice bâti avec les matériaux d'autrui ; 2° le cas de *ferruminatio*.

(2) Nouveau Ferrière, v° *Mine*.

» communes, comme une dépendance de la propriété
» de la surface en vertu d'un prétendu droit d'occupa-
» tion » (1).

La fiction que l'on invoque ici conduirait aux plus
bizarres conséquences, qui en sont la réfutation par
l'absurde.

LXXXIV. Viendra-t-on soutenir enfin qu'il y a utilité
sociale à faire des mines, par voie d'accession, une dépendance de la surface? Les principes de l'économie
politique, prêtant ici un précieux appui aux considérations puisées dans le pur droit naturel, prouvent au
contraire jusqu'à l'évidence qu'il est de la plus absolue
nécessité dans la pratique que la propriété des mines
soit distincte de celle du sol (2)*.

D'abord, le système de l'accession serait improfitable
à tous ceux qui ne possèdent pas de propriété foncière,
et ils sont nombreux partout. « Puis, on démontre,
» disent en résumé les hommes de l'art, et par le rai-
» sonnement et par l'expérience, que si le propriétaire
» d'un terrain a le droit d'exploiter à son gré les por-
» tions de gîtes qui se trouvent sur sa propriété, il est
» bientôt hors d'état de continuer ces travaux précaires,

---

(1) Ed. Dalloz. *Op. cit.*, I, p. 3. — On pourrait cependant objecter
ici à M. Dalloz que la propriété de l'atmosphère supérieure n'a absolument rien de tentant pour l'homme, tandis qu'il en est autrement de la
propriété des richesses souterraines.

(2) *Ibid.*

* V. Héron de Villefosse : *Richesse minérale.* — Ch. Comte : *Traité
de la propriété.* — Et. Dupont : *Jurisprudence des mines*, etc. — La plupart des autres économistes, J.-B. Say, Sismondi, Storch, Ricardo, n'ont
examiné les mines qu'au point de vue de la *rente* qu'elles peuvent donner
selon leur nature, leur degré de fécondité, leur situation, la concurrence, etc.

» tant parce que ce gîte sort tout-à-coup de son terrain
» pour passer sous celui d'un autre propriétaire, que
» parce qu'il convenait d'attaquer le gîte, d'après sa
» disposition naturelle, en des points situés loin de toutes
» les propriétés où il s'en est montré quelques portions
» au jour. On démontre qu'un propriétaire de terrain,
» en attaquant à son gré les affleurements des gîtes de
» minerai, parce qu'ils paraissent sur son terrain, rend
» bientôt l'exploitation impossible pour lui, pour ses
» voisins ou pour tout autre, ou du moins tellement
» onéreuse, qu'un entrepreneur digne de confiance n'aura
» jamais l'idée de la tenter.

» On démontre qu'un propriétaire, en agissant ainsi,
» ravit souvent tout espoir du rétablissement de l'ordre,
» parce que les dépenses excessives qu'exigerait un
» système d'exploitation propre à réparer les premières
» fautes commises et à triompher des obstacles naturels
» que ces fautes accumulent en peu de temps sur tout
» l'espace occupé par le gîte du minerai, ne sauraient
» être couvertes par les recettes de la mine régularisée,
» sans un renchérissement de ses produits, préjudiciable
» à la société.

» On démontre que presque tous les gîtes de minerai,
» pour être susceptibles d'une exploitation durable, doi-
» vent être attaqués, non pas de haut en bas, mais de
» bas en haut, et qu'il importe surtout de respecter,
» jusqu'à la fin de l'exploitation des couches de houille,
» ces affleurements que l'imprudence du propriétaire
» de la surface le porte trop souvent à entamer.

» On démontre enfin que si la propriété des gîtes de
» minerai et le droit d'y établir des exploitations sont

» l'accessoire de la propriété de la surface, il n'y aura
» bientôt plus que désordre, et que l'on assurerait ainsi
» la ruine des exploitations et le gaspillage des mine-
» rais (1). »

Ajoutons avec M. Et. Dupont (2) que l'interêt de la
bonne exploitation des richesses minérales exige impé-
rieusement que l'on établisse, pour chacun des gîtes qui
les contiennent, un *champ suffisant d'exploitation*, et que
ce champ d'exploitation doit, en général, être beaucoup
plus étendu que celui dont pourrait disposer chacun des
propriétaires pris isolément, surtout en France, où la
propriété du sol est extrêmement divisée, et tend à se
morceler chaque jour davantage.

On ne peut disconvenir néanmoins, dit Blavier dans
sa *Jurisprudence des Mines*, qu'il existe des contrées,
remarquables par l'activité de leur commerce et de leur
industrie, dans lesquelles les propriétaires du sol jouis-
sent, en cette qualité, de la faculté d'exploiter les mines
que renferme leur terrain, sans être assujettis à aucune
surveillance, à aucune concession ; il leur suffit de payer
un impôt au prince lui-même ou à celui auquel il a cédé
ses droits comme souverain des mines. Mais, il faut
l'avouer, ajoute-t-il, cette liberté illimitée est souvent
funeste à l'aménagement des mines, et l'on pourrait
citer, à l'appui de cette assertion, l'exemple d'un peuple
voisin (les Anglais), chez lequel l'exploitation, quoique
dans un état très prospère, ne pourrait néanmoins se

(1) Extrait d'un mémoire de H. de Villefosse, cité par Delebecque. I,
nº 13. — Conf. Lefebvre, au nº 60 du *Journal des mines*. — Kanten,
dans Blavier : *Jurisprudence des mines*. I, p. 146. — Et. Dupont : *Jurisprudence des mines,* p. 3 et ss.
(2) Et. Dupont. *Loc. cit.*

maintenir longtemps si la nature ne s'était plu à y amasser des dépôts immenses de matières minérales de toute espèce, et principalement de combustible, qui lui est si précieux pour alimenter ses usines et ses navires. D'autres pays au contraire, en faveur desquels la nature a été moins prodigue, retirent des richesses minérales qu'ils renferment, des ressources d'autant plus durables, qu'une direction habile et prévoyante parvient à utiliser le plus faible dépôt qu'on négligerait ailleurs.

LXXXV. Lors de la discussion de la loi de 1791, Mirabeau, la veille de sa mort, vint, de sa puissante voix, nier ce prétendu droit d'accession et imprimer à toute cette thèse de droit naturel et d'économie politique le caractère lumineux de son génie : « Veut-on exa-
» miner, s'écria-t-il, si les mines sont essentiellement
» des propriétés privées dépendantes de la surface qui
» les couvre : je dis que la société n'a fait une propriété
» du sol qu'à la charge de la culture, et, sous ce rap-
» port, le sol ne s'entend que de la surface. Je dis que,
» dans la formation de la société, on n'a pu regarder
» comme propriété que les objets dont la société pouvait
» alors garantir la conservation. Or, comment aurait-
» on empêché qu'à douze cents pieds au-dessous d'un
» propriétaire, on n'exploitât la mine que le propriétaire
» aurait prétendu lui appartenir. Je dis que si l'intérêt
» commun et la justice sont les deux fondements de la
» propriété, l'intérêt commun ni l'équité n'exigent pas
» que les mines soient des accessoires de la surface. Je
» dis que l'intérieur de la terre n'est pas susceptible
» d'un partage ; que les mines, par leur marche irré-
» gulière, le sont encore moins ; que, quant à la surface,

» l'intérêt de la société est que les propriétés soient
» divisées ; que, dans l'intérieur de la terre, il faudrait
» au contraire les réunir, et qu'ainsi la législation qui
» admettrait deux sortes de propriétés comme acces-
» soires l'une de l'autre, et dont l'une serait inutile, par
» cela seul qu'elle aurait l'autre pour base et pour me-
» sure, serait absurde. Je dis que l'idée d'être maître
» d'un torrent et d'une rivière qui répond sous la terre
» à la surface de nos champs, me paraît aussi singulière
» que celle d'empêcher le passage d'un ballon dans l'air,
» qui répond aussi, à coup sûr, au sol d'une propriété
» particulière. Je dis que la prétention de regarder les
» mines comme un accessoire de la surface, et comme
» une véritable propriété, est certainement très nou-
» velle ; car je voudrais bien savoir si quelque acheteur
» s'est jamais avisé de demander une diminution de prix,
» ou de faire casser une vente, parce qu'il aura décou-
» vert qu'une mine aurait été fouillée sous le sol qu'il a
» acheté ; il pourrait cependant soutenir qu'il avait droit
» à tout, et qu'en achetant le sol, il voulait pénétrer
» jusqu'au fond de la terre. Enfin, je dis qu'il n'est
» presque aucune mine qui réponde physiquement au
» sol de tel propriétaire. La direction oblique d'une mine,
» de l'est à l'ouest, la fait toucher, dans un très court
» espace, à cent propriétés différentes (1). »

Et quand on parle d'organiser des syndicats de propriétaires, chargés d'exploiter les gîtes minéraux existants chez eux, ou des compagnies de mineurs qui devront

(1) *Discours de Mirabeau.* Séance du 21 mars 1791. III, p. 439.

acheter tous les terrains qu'ils voudront exploiter, voici l'accueil qu'offre notre grand orateur à ces palliatifs, destinés, dit-on, à parer à tous inconvénients : « Dira-
» t-on que les propriétaires formeront une société ?
» Mais réuniront-ils à la fois leur sol et leur fortune ?
» Leur sol : il faudrait souvent, pour explorer une mine
» de deux lieues de rayon, réunir deux mille proprié-
» taires, et quelle sera la proportion de leur intérêt ?
» Comment un si grand nombre d'associés agiront-ils
» de concert ? Leur fortune : mais presque toujours elle
» serait insuffisante : il est des mines dont l'entreprise a
» coûté dix fois plus que la valeur totale du sol qui les
» recouvre. La réunion était possible sous l'ancien
» régime : qu'on cite un seul exemple où plusieurs
» propriétaires se soient réunis. N'oublions pas, d'ail-
» leurs, qu'il y a plus d'entreprises de ce genre où l'on
» s'est ruiné, que de celles où les fonds sont rentrés.
» Ce revers importe peu lorsqu'il frappe des capitalistes ;
» leurs fonds n'ont fait que passer en d'autres mains, et
» la société a même gagné à des tentatives infructueuses.
» Mais n'est-il pas contraire à l'intérêt public que les
» propriétaires du sol s'appauvrissent ? Dira-t-on que
» des compagnies de mineurs achèteront toutes les sur-
» faces des terres qu'ils voudront exploiter, et devien-
» dront ainsi propriétaires ? Je demande si la réunion
» d'un si grand nombre de propriétés serait facile, et si
» elle serait utile dans les principes de notre nouvelle
» constitution. D'ailleurs, peut-on espérer qu'une com-
» pagnie qui a des avances si considérables à faire avant
» de découvrir ce qui peut-être n'existe pas, ajoutera à

» toutes les chances qui sont contr'elles, celle d'un achat
» d'immeubles qui serait peut-être une source de nou-
» velles pertes (1). »

Ajoutons qu'au cas de syndicat ou association de propriétaires, il suffira du mauvais vouloir d'un seul intéressé pour empêcher l'association de se former ; ou bien
on vaincra la résistance des récalcitrants pour les enrôler
de force dans une association qu'ils repoussent, mais
alors on n'aura qu'un syndicat vicié d'avance par des
éléments de dissolution « et, en raison même de ce vice
» organique, dépourvu de la force et de la puissance
» nécessaires pour mener à bonne fin les travaux souvent
» improductifs au début, qu'exige l'exploitation des
» mines (2). »

Pour tous ces motifs, nous regardons le système de
l'accession comme inadmissible : inadmissible au point
de vue de l'utilité sociale, d'une saine économie politique, aussi bien qu'au point de vue du droit naturel.
Organiser un pareil système, ce serait livrer légalement
l'exploitation minière à un gaspillage déplorable, qui,
ruineux pour le présent, tarirait même pour l'avenir
l'une des sources les plus importantes de la prospérité
publique.

SECTION II.

SYSTÈME FONDÉ SUR L'OCCUPATION.

LXXXVI. Dans cette théorie, les mines sont des

---

(1) Proc.-verb. de l'Assemblée nationale, t. 49, p. 18.
(2) Dalloz. *Loc. cit.* — Et. Dupont. *Ibid.*

épaves, des biens sans maître, dont la propriété appartient au premier occupant : *occupantis fit.*

Mais ce principe de l'occupation, si indispensable, à
l'origine des sociétés, pour l'appropriation de la surface,
ne pourrait sans les plus graves inconvénients s'appliquer à une masse de richesses qui ne peuvent être mises
en circulation qu'à l'aide de connaissances étendues, de
travaux difficiles, de capitaux considérables. Si les mines
étaient livrées au premier occupant, outre les conflits
les plus étranges qui surgiraient de toute part, les matières les plus précieuses seraient livrées à la dilapida-
tion. Aussi, dans aucune société passablement organisée,
le principe de l'occupation n'a-t-il été appliqué à ce
genre d'industrie. Légistes et hommes spéciaux n'y ont
jamais sérieusement adhéré.

D'après Turgot, inventeur de ce système (1), chaque
propriétaire aurait le droit d'ouvrir une exploitation minérale sur son terrain, puis de pousser les fouilles et les
travaux dans les héritages limitrophes, devenant ainsi
propriétaire par occupation du tréfonds minéral qu'il a
attaqué chez lui et chez son voisin, sans l'assentiment de
ce dernier. Tombant dans l'exagération la plus extrême
des droits de l'individu (2), on n'accorde même pas à
l'Etat un droit de surveillance et de police sur l'exploitation des mines : « Chaque homme, dit Turgot, est
» assez intéressé à conserver sa vie pour qu'on puisse
» s'en rapporter à lui sur les précautions nécessaires
» dans les travaux souterrains. »

(1) Turgot. *Mémoire sur la propriété des mines et carrières.* Paris, 1790.
— Cotelle. *Droit administ.*, II, p. 5.
(2) Dalloz. *Loc. cit.*

LXXXVII. Il y aurait beaucoup à dire sur ce système du *laissez-faire* complet, mais il nous suffira d'un nouvel emprunt aux discours de Mirabeau pour en faire complètement justice : « Enfin, poursuit Mirabeau (1), croira-
» t-on répondre à toutes ces objections en admettant
» pour système le droit du premier occupant? c'est alors
» que l'on va tomber dans un étrange chaos. Quelle
» sera la propriété de celui qui aura trouvé le premier
» une mine? Il n'aura certainement que ce qu'il aura
» touché..... Ce filon de dix toises, de cent toises est à
» lui ; mais si le filon a mille toises, deux mille toises,
» l'autre bout lui appartient-il, quoiqu'il ne l'ait pas
» trouvé, quoiqu'il n'en connaisse ni la direction, ni
» l'existence? Un autre mineur peut sans doute aussi
» l'exploiter : il sera à son tour le premier occupant, et
» voyez quelles seront les suites d'un pareil système!
» Un ouvrier gagné n'aura qu'à faire connaître la direc-
» tion de la mine, un propriétaire avisé y pénétrera
» d'un seul coup : il aura la plus grande partie du
» profit, l'inventeur n'aura plus que les dépenses. Aura-
» t-on des mines avec ce système? Pourra-t-on surtout
» exploiter des filons métalliques qui n'ont qu'une épais-
» seur médiocre et qui s'étendent à une grande dis-
» tance?

» Un auteur moderne, qui a voulu commenter les
» idées publiées en 1769 par le respectable Turgot dans
» un ouvrage périodique, croyait répondre à cette objec-
» tion de cette manière : « Si les mineurs, disait-il, en
» partant de deux bouts opposés, viennent à se rencon-

(1) Discours précité de Mirabeau. — Proc.-verb. de l'Assemblée nationale, t. 49, p. 19 et ss.

» trer, le filon sera épuisé ; il n'y aura donc pas de
» rivalité. » Il aurait dû prévoir que le mineur peut
» couper le filon à quelques pas de l'inventeur, et s'éloi-
» gner de lui au lieu d'aller à sa rencontre. Je demande
» alors à qui serait le profit? Et s'ils parviennent, par des
» routes opposées, au point où deux filons se réunissent,
» à qui restera le champ de bataille? Quel est celui qui
» prendra pour son compte toutes les dépenses qu'un
» seul des concurrents aura faites? L'auteur dont je
» parle les renvoie à des arbitres. Il était plus facile de
» donner ce conseil que de prononcer. »

Le système de l'occupation doit donc être rejeté comme
celui de l'accession, bien que l'invention confère à son
auteur droit à une certaine récompense, en raison du
service que sa découverte rend à la société, droit que
notre loi de 1810 a consacré dans son art. 16.

SECTION III.

SYSTÈME DE LA DOMANIALITÉ DES MINES.

LXXXVIII. Dans ce système, les mines sont des biens
ordinaires appartenant en toute propriété à l'État, qui
se trouve, comme en général un propriétaire à l'égard
de ce qui lui appartient, libre de les aliéner au profit des
particuliers.

« S'il est vrai, dit M. Ch. Comte, dans son *Traité de*
» *la propriété*, ch. XXII, que le territoire sur lequel une
» nation s'est développée et a toujours vécu forme sa

» propriété nationale ; si tout ce qui ne passe pas au
» moyen du travail dans le domaine des particuliers
» reste dans le domaine public, il est évident que les
» matières souterraines continuent de faire partie du
» domaine national et que la nation peut les faire exploi-
» ter dans son intérêt, sans qu'aucun de ses membres
» puisse se plaindre qu'il est porté atteinte à sa pro-
» priété, si, en effet, l'exploitation n'est une cause de
» dommage pour aucune propriété privée. Il existe chez
» toutes les nations des parties plus ou moins considé-
» rables du territoire qui ne sont jamais tombées dans
» le domaine des particuliers et qui font partie du
» domaine de l'Etat (*sensu lato*). De ce nombre sont
» non-seulement les rivages de la mer, les ports, les
» fleuves, mais encore des pâturages, des forêts, des
» terres cultivées, etc. Pourquoi les dépôts souterrains
» de charbon de terre, les veines de cuivre, d'argent, etc.,
» ne feraient-ils pas partie de ce même domaine, quand
» personne ne se les est encore appropriés ? »

Un autre économiste, M. Lehardy de Beaulieu, professeur d'économie politique à l'Ecole des Mines du
Hainaut, ajoute avec beaucoup de force, dans une argu-
mentation que je ne fais qu'analyser : les minéraux
utiles n'ont, quand ils sont enfouis au sein de la terre,
aucune valeur par eux-mêmes ; leur valeur surgit seulement par le fait du milieu dans lequel les mines se trouvent placées. Supposons un pays où le milieu social soit
mauvais, la propriété des mines, mal définie, très
imparfaitement protégée par les lois, et dès-lors l'esprit
d'entreprise faible, l'activité industrielle nulle, les usines
à peu près inconnues, les voies de communication insuf-

fisantes, etc. En un tel pays, les gîtes les plus avantageux ne trouvent d'acheteurs ou d'exploitants que bien
difficilement, tandis qu'au contraire le moindre gîte
minéral est vivement disputé par de nombreux compé-
titeurs et possède une valeur importante, si les conditions de milieu sont différentes. *D'où l'on peut dire que
la valeur d'une mine vient du milieu dans lequel elle est
placée* (1). Or, d'où procède ce milieu? Du travail lent
et successif de la nation entière, accumulé pendant de
nombreuses générations. Dès lors, conclut M. Lehardy,
cette valeur doit appartenir à qui l'a créée, c'est-à-dire
à la nation elle-même, ou, si l'on veut, à l'Etat qui la
représente et gère ses intérêts (2).

LXXXIX. Tout en acceptant les prémisses de
M. Lehardy, parfaitement conformes aux règles de l'économie politique, nous devons combattre les conclusions
qu'il en tire. En effet : 1º la mine emprunte, il est vrai,
une grande partie de sa valeur au milieu dans lequel elle
est située, mais je conteste qu'elle en tire cette valeur
entière. J'admettrais même souvent la thèse opposée, car
combien de fois la puissance d'une mine venant à être
dévoilée a-t-elle attiré autour de l'exploitation, dans un
pays naguère désert, une population laborieuse qui transforme rapidement la contrée! C'est là un des traits que j'ai
signalés, § XXIII, à propos du rôle économique des mines,
et sur lequel il est inutile d'insister, tellement il est évident.
— 2º De ce que l'Etat est le créateur du milieu grâce
auquel la mine augmente de valeur, il ne s'ensuit point

---

(1) V. dans le même sens notre § LXXX.
(2) V. Dalloz, *loc. cit.;* et le *Journal des économistes,* nᵒˢ de mars 1853,
mai et octobre 1855.

qu'il doive nécessairement devenir le propriétaire absolu
de ladite mine, car si l'on admettait cette conséquence,
il faudrait pousser la logique jusqu'à donner aussi à l'Etat
au moins la copropriété des possessions rurales et urbai-
nes, qui, elles aussi, tirent une grande partie de leur importance du milieu qui les environne. « Or, dit M. Ed.
» Dalloz, dans son excellent ouvrage auquel nous recou-
» rons souvent, c'est là une théorie dangereuse qui con-
» duirait à des conséquences excessives dont la conscience
» publique a fait justice et que l'on peut voir, au reste,
» développées, soit dans les ouvrages de ces anciens
» domanistes et feudistes qui, sous l'ancien régime,
» conféraient au roi, représentant de la nation, un droit
» éminent de domaine sur les propriétés particulières de
» tous les sujets du royaume; soit dans les manifestes
» contemporains de certaines sectes socialistes. Est-ce
» dire maintenant que l'appropriation d'une mine nou-
» vellement découverte, ou même que la jouissance
» garantie et à titre de propriétaire des terres déjà cul-
» tivées et passées dans le domaine public aura lieu
» au profit des particuliers, sans que ceux-ci aient à
» tenir compte à la nation de l'utilité qu'ils retirent du
» capital national préexistant, qui influe d'une manière
» si évidente sur la valeur de la mine ou du champ?
» Nullement, mais ce sera seulement au moyen du
» paiement à l'Etat d'une redevance, d'un impôt, que se
» réglera entre la nation et les particuliers le compte
» dont il s'agit. »

XC. Après avoir repoussé, comme mal fondée, la
doctrine de la domanialité des mines, autrement dite du

droit régalien, apprécions quelques-unes des conséquences qu'elle entraine.

D'abord, l'Etat étant considéré comme propriétaire, on en conclut que la richesse minérale doit avant tout lui profiter, et on a préconisé le système qui place directement sous sa main l'exploitation des mines, régime qui, du reste, est appliqué en Prusse, en Saxe, en Hongrie, et dans plusieurs autres pays où domine le droit régalien.

Or, est-il bon que l'Etat devienne exploitant?

Si l'on suppose un pays riche en minerais faciles à extraire, et où l'esprit d'entreprise et les capitaux soient insuffisants, ce sera pour l'Etat, non-seulement un droit, mais un devoir d'exploiter, car il faut avant tout mettre à la disposition des consommateurs la richesse minérale. Mais si nous posons la question à un point de vue plus abstrait, général, nous répondrons, avec beaucoup d'auteurs, que l'exploitation par l'Etat constitue un système des plus fâcheux, en dehors de certaines circonstances exceptionnelles. Les entreprises industrielles que fait un gouvernement tournent rarement au profit de la nation qui en paie les frais. Les agents de l'exploitation ne portent généralement ni assez d'économie dans les dépenses, ni assez d'activité dans les travaux, ni assez de soin dans la vente des produits, pour rendre cette industrie lucrative, « à moins que ce ne soit pour eux (1). » Rien ne peut remplacer le mobile si âpre et si puissant de l'intérêt personnel comme garantie, dans les travaux de mines, de la persévérance des efforts et de l'économie des moyens. — « S'ils accordent des faveurs, c'est le Trésor

_____

(1) Ch. Comte. *Op. cit.,* ch. XXII.

» public qui en fait les frais, mais c'est à eux que pro-
« fite la reconnaissance ; ils se persuadent volontiers que
» personne ne souffre d'un dommage qui tombe sur tout
» le monde et dont aucun individu ne se sent particu-
» lièrement blessé. Ils sont donc portés, par une ten-
» dance naturelle, à faire tourner à leur avantage parti-
» culier le bénéfice de l'entreprise et à rendre plus
» lourdes les charges qui doivenr tomber sur le
» public (1). » — A cette appréciation sévère et sans
doute parfois injuste de M. Ch. Comte, ajoutons ces
trois lignes de Turgot : « Pour que l'exploitation d'une
» mine au profit du souverain lui soit avantageuse, il
» faut deux conditions : l'une, que la mine soit exces-
» sivement riche ; l'autre, que l'Etat soit très petit (2). »

A d'autres égards, de graves objections s'élèvent
encore contre le système d'exploitation par l'Etat (3).
Ainsi : 1o ce système arrête dans un pays l'essor de
l'esprit d'entreprise et empêche les habitudes industrielles
de se développer ; 2o il détruit la propension aux
recherches des mines, propension qu'il est au contraire
du devoir de l'Etat d'encourager par tous les moyens
licites ; 3o il institue un monopole au profit de l'Etat,
monopole bien plus dangereux que ne le serait celui de
compagnies puissantes, en ce qu'il s'exerce sans aucune
espèce de contre-poids, et en ce qu'il tend, par la force
même des choses, à dégénérer entre les mains du gouvernement en un instrument de fiscalité ; 4o il est peu
favorable au développement des manufactures en ce que

(1) Ch. Comte. *Loc. cit.*
(2) Turgot, t. 4, p. 420.
(3) Ed. Dalloz. *Loc. cit.*

l'Etat, produisant à plus de frais le fer et la houille, doit par cela même vendre plus cher ces matières minérales si indispensables à l'industrie; 5⁰ il tend à substituer dans les travaux de mines l'esprit de routine à cet esprit d'initiative et d'invention que, sous le régime de la libre concurrence, la nécessité de produire au meilleur marché possible provoque et stimule avec tant d'énergie ; 6⁰ il compromet enfin singulièrement l'autorité morale et le prestige du gouvernement en le livrant comme entrepreneur aux discussions et récriminations que peuvent faire naître les pertes et les accidents survenus dans les exploitations minières, et en le mettant directement aux prises, dans les temps de perturbations commerciales et politiques, avec les mécontentements et les passions que suscitent au sein des classes ouvrières les chômages, la question des salaires et celle de la fixation des prix de denrées aussi nécessaires que le fer et la houille.

XCI. Dans le système du droit régalien, on a encore mis en avant, à défaut de l'exploitation directe de l'Etat, d'autres voies et moyens d'utiliser les mines au profit du domaine. Ces divers moyens sont : la vente ou la location aux enchères publiques, au bénéfice de l'Etat; l'établissement sur les mines d'un impôt spécial ; la réserve pour l'Etat de la faculté de rachat, ou du droit de se porter actionnaire dans les sociétés des mines.

Ces divers expédients ne résistent pas à la critique.

A. *Vente des mines aux enchères.* — Ce procédé, qui paraît au premier coup-d'œil excellent, voit bien vite s'élever contre lui deux objections graves : 1⁰ la position défavorable dans laquelle se trouveront les adjudicataires *au cher denier*, à côté des concessionnaires actuellement en possession de certaines mines ; 2° l'inconvénient grave, dans une matière qui tient de si près à l'intérêt général, d'être obligé d'adjuger telle exploitation à tel individu plus offrant, alors qu'il serait évident que le choix de tel autre concurrent, à raison des voies et moyens dont il dispose, des garanties qu'il présente et surtout des aptitudes spéciales qu'il possède, offrirait à l'Etat un tout autre avantage. Faudrait-il préférer ce dernier malgré son offre moindre? Mais alors, nous ren-trons à peu près dans notre système actuel de concession, l'idée d'enchères publiques est écartée.

B. *Location des mines aux enchères, ou établissement d'un impôt plus sérieux.* — « Mais les charges qui
» pèsent sur l'industrie minière ne sont-elles pas déjà
» assez lourdes ? En présence des obstacles sans nombre
» et des risques exceptionnels que rencontre cette indus-
» trie, mère de toutes les autres, le devoir de l'Etat
» pour attirer de ce côté l'esprit d'entreprise et les
» capitaux, n'est-il pas de se préoccuper des encoura-
» gements et facilités à accorder aux exploitants plutôt
» que des bénéfices à réaliser par suite de mesures
» fiscales (1)? » Puis, sur qui retombent en définitive cet impôt ou ce loyer? Sur la consommation, qui se verrait obligée de payer plus cher les indispensables matières premières. Or, il est de la dernière importance, pour l'indépendance politique et la prospérité d'une nation, que certaines substances, comme la houille, soient au plus bas prix possible.

C. *Réserve au profit de l'Etat de la condition de rachat,*

_____

(1) Dalloz. *Loc. cit.*

ou du droit de se porter actionnaire dans les sociétés de mines (1). — Avec le droit de racheter les mines, l'État jouerait un rôle choquant, et le concessionnaire un rôle de dupe, *sortant les marrons du feu.* En effet, si l'exploitation était ruineuse, il est clair qu'elle resterait au compte du concessionnaire. Si elle donnait de beaux bénéfices, on la lui enlèverait aussitôt. Je ne crois pas qu'un ennemi juré de toute industrie minière pût avoir contre elle une idée plus désastreuse et qui brisât plus radicalement le ressort de toute activité dans ce genre de travaux, car ceux-là seuls qui s'imaginent avoir la chance de faire de grands bénéfices, consentent à s'exposer à de grandes pertes. Notre loi de 1810 a été autrement bien inspirée quand elle a fait du concessionnaire le propriétaire perpétuel et incommutable de la mine !

Repoussons également la faculté pour l'État de se porter actionnaire dans les entreprises minières : 1º L'industrie a aujourd'hui chez nous un essor suffisant ; les capitaux sont assez abondants pour que nous nous passions de cette intervention de l'État. 2º Le rôle de l'État est uniquement « d'aider les citoyens à s'enrichir, tout » en profitant lui-même indirectement, au point de vue » de l'accroissement de la fortune publique, de leur » initiative, et nullement de s'enrichir directement, en » faisant concurrence, dans quelque carrière que ce » soit, aux activités industrielles (2). » 3º L'État, choisissant les meilleures exploitations pour s'y porter action-

(1) V. Discours de M. Devaux à la Chambre des représentants belges le 6 avril 1837. — *Recueil Chicora.*, p. 496 et ss.
(2) Ed. Dalloz. *Loc. cit.*

naire, pourrait s'y faire la part du lion, dominer dans les conseils et les assemblées, et alors l'exploitation serait aux mains de l'État et non des particuliers, ce qui, nous l'avons vu, doit être évité dans un bon système économique. 4° « Enfin, ne pourrait-on pas craindre avec ce » régime que l'État ne tînt pas la balance égale entre » toutes les mines, et que, dans les mesures à prendre à » leur égard, il prît moins conseil des intérêts et des » besoins généraux de l'industrie minière que de ses » intérêts particuliers, à lui, comme actionnaire dans » telles ou telles mines » (1).

SECTION IV.

SYSTÈME QUI CONSIDÈRE LES MINES NON CONCÉDÉES COMME DES res nullius (D'UN GENRE PARTICULIER).

XCII. Cette rubrique, que j'emprunte textuellement à l'ouvrage de M. Ed. Dalloz (sauf les trois derniers mots), et que je conserve à cause de sa concision, ne me satisfait pas cependant, et je dois en faire moi-même la critique. En effet, prise à la lettre, elle signifierait que les mines étant *res nullius*, c'est-à-dire *la chose de personne*, peuvent être traitées comme toute autre chose *nullius*, et s'acquérir par occupation, selon le système de Turgot. Or, comme nous venons de combattre ce système, telle n'est point évidemment notre pensée. Si une périphrase un peu longue n'était d'une allure

(1) Ed. Dalloz. *Loc. cit.*

embarrassée comme titre de section, j'aurais dit : *Système qui considère les mines non concédées comme des biens* ENCORE LATENTS, *n'appartenant encore à personne et auxquels nul n'a le droit de toucher pour les exploiter, tant qu'un acte du gouvernement, agissant tutélairement dans l'intérêt général, n'en a pas fait la concession à un individu déterminé.*

Cette observation faite, voyons quel est ce système auquel se rallient de très bons esprits, et qui nous parait le seul complètement satisfaisant.

XCIII. Suivant cette théorie, adoptée par M. Ed. Dalloz, et à laquelle paraissent se ranger également MM. Michel Chevalier et Wolowski (1), la propriété des mines non concédées n'est, à proprement parler, dévolue à personne, pas même à l'Etat : seulement l'Etat, agissant non pas précisément comme un propriétaire qui vend sa propre chose, mais comme le tuteur de la richesse publique et comme le représentant des intérêts généraux, crée par voie de concession un droit de propriété sur le fonds minéral au profit de tel particulier plutôt que de tel autre, en raison des garanties spéciales que doit présenter le concessionnaire pour la bonne exploitation de ce tréfonds.

C'est là, à peu près textuellement, le principe sur lequel reposait le second projet présenté par Fourcroy, à la séance du Conseil d'Etat du 21 octobre 1808, principe d'après lequel : « la propriété des mines n'appartient à » personne par sa nature et par sa disposition, et les

(1) V. la réunion du 5 mai 1855 de la Soc. d'économ. politique, au n° de mai 1855 du *Journal des économistes*, p. 288 et 289.

» mines doivent, pour le bien de tous, être soumises à
» des règles particulières dans la jouissance qui en est
» concédée par le gouvernement à ceux qui lui offrent
» la garantie la plus forte pour une exploitation utile. »

« Ce système est tellement conforme à la nature des
» choses qu'il se trouve même, en germe, dans la pen-
» sée de personnes qui, sans y avoir regardé d'aussi près
» et n'ayant eu à parler qu'incidemment des mines
» dans des ouvrages ou traités généraux, se sont bornées
» à poser et à accepter le principe que, d'après nos lois
» actuelles, la propriété du sol emporte la propriété du
» tréfonds minéral à toute profondeur. C'est ainsi que
» M. le professeur Demolombe fait suivre l'énoncé de ce
» principe de l'observation suivante, qui, au fond,
» rentre dans notre manière de voir : « Et pourtant,
» dit il (1), malgré cette règle actuellement certaine,
» on ne peut nier qu'aujourd'hui même encore le droit
» de propriété qui appartient au maître du sol sur les
» biens inconnus qui dorment dans les profondeurs
» ignorées de la terre, ne soit toujours, *par la force*
» *même des choses,* un droit peu déterminé et peu défini,
» *un droit qui n'affecte pas la chose de cette énergique*
» *empreinte d'appropriation à laquelle on reconnaît la*
» *propriété bien nette et bien caractérisée* » (2).

Ce système est le seul qui paraisse en harmonie parfaite avec la nature des choses, c'est le seul qui semble
à l'abri des diverses critiques que nous avons relevées
contre les trois autres. Aussi ne doutons-nous pas qu'il

---

(1) Demolombe. *Cours de Code Napoléon*, t. IX, n° 645.
(2) Ed. Dalloz. *Loc. cit.*

ne finisse par triompher dans la doctrine et par devenir le point de départ obligé de la législation des mines (v. §. XCVII).

XCIV. Bien qu'il exclue nécessairement l'idée que l'Etat a sur les mines un droit de propriété préexistant qu'il aliène pour un certain prix lors de la concession, ce système ne contient rien en soi de contraire au principe d'une redevance publique sur les mines. Nous avons, en effet, essayé déjà d'établir que l'Etat a droit à une redevance, par cela seul qu'il constitue le milieu social auquel la mine est redevable d'une grande partie de sa valeur, et qu'il garantit à l'exploitant la possession paisible de sa concession.

Le droit à une redevance au profit du propriétaire de la surface n'est pas non plus supprimé par ce système, mais cette redevance n'a plus le caractère de prix d'une expropriation du tréfonds. 1° *Elle est une indemnité pour la dépréciation que subit la propriété superficielle par le fait de la concession à un autre que le propriétaire.* En effet, la concession crée deux propriétés superposées là où il n'en existait qu'une. La propriété nouvellement créée au-dessous de la propriété superficiaire entraîne pour celle-ci des dépréciations, des gênes, des restrictions graves (v. entre autres notre § CXVIII), des chances de procès ; or, c'est là, dans la situation des propriétaires de la surface, une innovation, un changement, qui, en bonne justice, exigent un dédommagement. 2° La redevance payée au superficiaire représente encore autre chose, bien que cette idée me paraisse avoir jusqu'à ce moment échappé aux économistes : analogue, pour partie du moins, à la redevance payée au Trésor, elle représente le prix de la plus-value qui résulte pour la mine de la situation *matérielle* plus ou moins prospère de la surface, situation créée évidemment par le propriétaire de cette surface ou ses devanciers, et qui influera très notablement sur la prospérité de la mine.

Mais le système auquel nous nous arrêtons, excluant l'idée que l'Etat est propriétaire des mines, ne lui laisse que le droit d'en disposer par concession, comme tuteur de la fortune publique. C'est, du reste, là le seul mode d'institution de la propriété minière que reconnaisse, conformément aux vrais principes, la loi de 1810. L'Etat est, dès lors, sans droit pour exploiter lui-même, pour vendre le tréfonds aux enchères, etc., toutes combinaisons plus ou moins fâcheuses impliquant l'idée que les mines appartiennent à l'Etat.

XCV. Voici quelques autres conséquences de ce système.

1° Les mines, avant la concession, ne sont que des choses, et des choses *nullius*, mais sous la garde de l'Etat. Après la concession, elles deviennent des biens. La concession n'est qu'un moyen destiné à assurer au profit de tous la mise en valeur et le développement de la richesse minérale, en conférant le pouvoir le plus étendu qui puisse être dévolu à un particulier sur le tréfonds minéral, sous la limite des garanties restrictives que la loi a exigées dans l'intérêt de la chose publique, de la sûreté des personnes et des biens, et de l'indépendance de la propriété superficiaire.

2° Non concédées, elles appartiennent virtuellement à tous et actuellement à personne. *Virtuellement à tous,* car tout individu peut demander la concession et l'obtenir s'il est agréé par le gouvernement ; *actuellement à personne*, car nul ne peut, avant la concession, disposer et jouir d'une mine.

3° La concession à un tiers n'implique nullement expropriation du propriétaire de la surface. Une propriété nouvelle est créée au profit d'un tiers, il n'y a point changement de propriétaire, et par conséquent la régie ne peut réclamer un droit de mutation.

Quant aux minières et aux carrières, il n'existe pas les mêmes motifs de les considérer comme choses *nullius*, et d'en organiser la propriété par concession, séparément et indépendamment de la propriété de la surface. En effet (1) : « 1° elles ne sont pas, en général, séparées
» de la surface par une épaisseur telle que l'on ne puisse,
» sans avoir besoin de recourir à une fiction déraison-
» nable, les considérer comme une dépendance du sol
» auquel elles sont adhérentes ; 2° le champ d'exploita-
» tion qu'elles exigent n'est pas habituellement telle-
» ment étendu qu'il doive en résulter une incompatibilité
» absolue entre les divisions de leurs gisements souter-
» rains et celles que présente la surface.....; 3° le peu
» de profondeur à laquelle sont, en général, situées les
» carrières et les minières entraîne cette conséquence
» que leur exploitation sur tel espace donné, ne pouvant
» ordinairement se concilier avec les actes usuels qui
» constituent, quant à la surface, l'exercice du droit de
» propriété, la nature même des choses s'oppose ici à la
» distinction de deux propriétés, superficiaire et souter-
» raine, dont l'une serait superposée à l'autre. En outre,

(1) Ed. Dalloz. *Loc. cit.*

» en ce qui concerne particulièrement les carrières, le
» droit de bâtir étant de soi, aussi bien que le droit de
» cultiver, de rechercher des sources, de creuser des
» puits, etc., inhérent au droit de propriété du sol, il
» s'ensuit nécessairement que le droit d'exploiter les
» carrières et minières est aussi, par là même, insépa-
» rable de ce droit de propriété..... »

XCVI. Nous allons maintenant parcourir succincte-
ment la loi de 1810, en tâchant de découvrir le principe
économique auquel se sont rattachés les rédacteurs, et
les conséquences qu'ils en ont fait découler.

CHAPITRE II.

DE LA PROPRIÉTÉ DES MINES AU POINT DE VUE DU DROIT ADMINISTRATIF.

SECTION Iʳᵉ.

PRINCIPES DE LA LOI DU 24 AVRIL 1810.

XCVII. La loi de 1791, quoique rédigée par une
assemblée d'hommes éminents, présentait de tels inconvénients qu'il y eut bien vite urgence reconnue à ne pas
laisser subsister plus longtemps un état de choses si désastreux pour la richesse industrielle du pays. Chaque

jour démontrait de plus en plus la nécessité d'une réforme complète de cette législation, si l'on voulait pourvoir aux immenses besoins survenus et empêcher la ruine imminente des mines.

Dès l'an IV, un représentant nommé Poultier proposa à la Convention nationale un projet de loi sur les mines ; mais ce projet n'eut pas de suites. Le Code Napoléon, dont la publication se place dans l'intervalle qui sépare la loi de 1791 de la loi du 21 avril 1810, n'innova rien sur le fait des mines. Son art. 552 (titre 2, livre II, promulgué le 6 février 1804) pose le principe général qui a toujours été admis, que : « La propriété du sol emporte la propriété du dessus et du dessous, » et il explique ainsi ce qu'il faut entendre par propriété du dessus et du dessous, et à quoi se réduit cette propriété : « Le propriétaire peut faire AU-DESSUS *toutes les plantations et constructions qu'il juge à propos*, sauf les exceptions établies au titre des servitudes ou services fonciers. Il peut faire AU-DESSOUS *toutes les constructions et fouilles qu'il jugera à propos*, et tirer de ces fouilles tous les produits qu'elles peuvent fournir..... » Puis, cette explication donnée, il a soin d'opposer aussitôt, en son § 3, une restriction importante au principe énoncé, en ajoutant : « SAUF *les modifications résultant des lois et règlements relatifs aux mines*, et des lois et règlements de police, » restriction dont il n'est pas permis d'isoler l'art. 552, et qui, abstraction faite de la loi de 1791 à laquelle elle se référait, laissait certainement au législateur, au moment où il a eu à s'occuper d'une loi sur les mines, toute latitude pour attribuer la propriété de ces mines à l'État, à l'exclusion des propriétaires fonciers, ou d'en faire des choses *nullius*, s'il entendait qu'il en dût être ainsi (1).

D'abord, la lecture seule du texte le démontre ; ensuite, on ne trouve dans l'ouvrage de Locré et dans celui de Fenet aucune trace de discussion ou même d'observation sur cet article, soit au conseil d'Etat, soit au Tribunat. Et cependant les controverses n'eussent pas manqué de s'élever, si, comme l'ont dit les rédacteurs de la loi de 1810, et comme on le soutient encore tous les jours, en se bornant à citer le premier alinéa de l'article, on avait entendu poser un principe dans la matière si difficile des mines. Il est même à remarquer (2) qu'avant la promulgation du titre qui contient cet art. 552, un inspecteur des mines avait prévu et combattu à l'avance la fausse interprétation qu'on pourrait lui donner si on ne citait que sa première partie (3).

Enfin, la cour de Lyon avait si bien compris, comme tout le monde alors, que l'art. 9 du projet correspondant à l'art. 552 du Code n'était qu'un simple renvoi à la loi de 1791, qu'elle demandait le changement de cette dernière loi (4)

Ce changement tant désiré fut enfin opéré par le gouvernement impérial, ou plutôt par l'empereur Napoléon lui-même, car les dispositions que renferme la loi de

---

(1) MM. de Cheppe, Et. Dupont, Elias Regnault, Lamé Fleury, Dalloz, etc., se sont également élevés contre la citation incomplète que l'on fait trop souvent de l'art. 552 C. Nap., et qui, en 1810, a eu pour résultat d'égarer la discussion au Conseil d'Etat.

(2) F. Prunet. *Op. cit.*, p. 65.

(3) V. *Journal des mines.* Fructidor an IX, n°s 50 et 60, p. 887 et 890.

(4) Crussaire. *Observations des Cours d'appel.*

1810, notamment sur la propriété des mines, ont été rédigées sous son inspiration directe, dominée par un double sentiment : le respect du Code civil dont il venait de doter la France, et le respect du droit de propriété ; et « n'ont fait que traduire ses fortes pensées, telles qu'il » les exposa au conseil d'Etat, dans ce langage concis » et énergique, aux formes brusques et saccadées qui » lui était habituel, et auquel ici la contradiction donna » un relief merveilleux » (1).

XCVIII. Après la présentation d'un premier projet par le savant Fourcroy, alors ministre de l'intérieur, les événements politiques ayant arrêté la discussion, elle ne fut reprise que le 21 octobre 1808. Dans cette séance, considérant les abus qu'avait entraînés la reconnaissance du droit des superficiaires par la loi de 1791, Fourcroy développa le système de la propriété publique sans aucune restriction et l'appuya sur les différentes législations de l'Europe. Mais l'Empereur, entraîné par le désir de tout rapporter à ce Code dont il était si fier à juste titre, et *craignant de voir la discussion s'égarer si l'on invoquait le droit naturel et l'équité*, se constituant le rude et original champion du droit des propriétaires fonciers sur les substances minérales situées sous leur terrain, repoussa énergiquement, comme une violation à la fois et du droit de propriété lui-même et des dispositions de son Code civil, la doctrine que les mines ne doivent être considérées que comme des propriétés publiques indépendantes de la propriété de la surface. Il soutint avec la plus grande persistance que la mine fait

(1) Dalloz. *Op. cit.,* p. 41.

partie de la propriété de la surface ; que le propriétaire
du dessus est propriétaire du dessous, d'après l'art. 552
du C. N., et que *l'acte de concession crée cependant une
propriété nouvelle* (ce qui est inconciliable).

De ce moment la discussion s'établit régulièrement
dans le sein du Conseil, présidé par Napoléon, et en cas
d'absence par Cambacérès ; elle fut extrêmement longue,
et donna lieu à cinq nouvelles rédactions. Enfin, après
quatorze rédactions successives, la loi fut votée le 21
avril 1810 par le Corps législatif, et la promulgation
eut lieu le 1er mai.

Les conseillers d'Etat Fourcroy, Regnauld de Saint-
Jean-d'Angély, de Ségur, etc., soutenaient le système
de la propriété publique, mais est-il utile de dire que
les idées de Napoléon finirent par l'emporter. Dans la
pensée du législateur, le propriétaire de la surface est en
même temps, par voie d'accession, propriétaire de tout
le dessous, *seulement sa propriété n'est pas une propriété
ordinaire à laquelle les principes généraux du Code civil
soient, de tout point, applicables* (1). « *On a reconnu d'un*
» *côté,* lit-on dans l'exposé des motifs, *qu'attribuer les*
» *mines au domaine public c'était blesser les principes*
» *consacrés par l'art. 552 du Code civil, dépouiller les*
» *citoyens d'un droit consacré, porter atteinte à la grande*
» *charte civile, premier garant du pacte social. On a*
» *reconnu, de l'autre, qu'attribuer la propriété de la*
» *mine à celui qui possède le dessus, c'était lui recon-*

---

(1) En ce sens, MM. Troplong : *Moniteur universel*, 8 octobre 1843.
— Cotelle : *Droit administ.*, II, n° 31. — Dalloz : *Jurisprud. générale*,
v° *Mines.* — Demolombe : *Cours de Code Nap.*, IX, n°s 645 et 647. —
Et. Dupont : *Jurisprud. des mines*, loc. cit.

» naître, d'après la définition de la loi, le droit d'user
» et d'abuser, droit destructif de tout moyen d'exploi-
» tation utile ; droit opposé à l'intérêt de la société ; droit
» qui soumettrait au caprice d'un seul la disposition de
» toutes les propriétés environnantes de nature sem-
» blable ; droit qui paralyserait tout, autour de celui qui
» l'exercerait, qui frapperait de stérilité toutes les parties
» des mines qui seraient dans son voisinage.

» De ces vérités, on a conclu tout naturellement cette
» conséquence, que les mines n'étaient pas une pro-
» priété ordinaire à laquelle pussent s'appliquer la défi-
» nition des autres biens et les principes généraux sur
» leur possession, tels qu'ils sont écrits dans le Code
» civil. »

XCIX. Mais, tout en consacrant le droit de propriété
des superficiaires sur les mines, la loi de 1810, par une
singulière contradiction, est moins favorable à ces propriétaires que la loi de 1791 qui niait d'abord, au profit de
la nation, leur droit de propriété. Ainsi, le propriétaire ne
peut plus exploiter sans concession ; il n'a plus un droit
de préférence ; et, quant à l'indemnité ou redevance qu'il
recueillera des concessionnaires étrangers, elle est en
pratique tout-à-fait insignifiante. Son droit de propriété
est donc, en quelque sorte, purement nominal, et un
économiste célèbre a parfaitement pu le caractériser en
disant que ce n'était là qu'*un simple coup de chapeau* à
l'art. 552 du C. N. (1).

Pas plus que la loi de 1791, la loi de 1810 ne présente donc, à l'endroit de la propriété minérale, un ensem-

(1) M. Michel Chevalier. *Journal des économistes*, mai 1855, p. 289.

blc de dispositions qui soit l'expression logique d'un principe rigoureusement suivi dans ses conséquences. Aussi, pour conclure, dirons-nous avec M. Ed. Dalloz, que si le législateur, en n'accordant pas aux propriétaires de la surface de droit effectif sur les mines, a méconnu la doctrine de l'accession qu'il avait prise pour point de départ, cette inconséquence n'a été, de sa part, qu'un *hommage involontaire à la nature même des choses*, qui finit toujours par reprendre plus ou moins son empire, et d'après laquelle la mine, tant qu'il n'y a pas eu de concession, constitue une chose *nullius* d'une espèce particulière. Napoléon lui-même le reconnut quand il s'écria dans un aperçu remarquable : « La » découverte d'une mine crée une propriété nouvelle (*); » un acte du souverain devient donc nécessaire pour » que *celui qui a fait la découverte puisse en profiter* ; et » cet acte en réglera aussi l'exploitation. Mais, comme » le propriétaire de la surface a des droits sur cette » propriété nouvelle, l'acte doit aussi les liquider. On » lui donnera, à titre de redevance, une part dans les » produits ; cette part sera mesurée sur l'étendue de la » surface dont il est propriétaire (1). »

Toute la loi de 1810 est, on peut le dire, dans cet aperçu ; le projet législatif y est résolu, non dans les termes, mais au fond, en ce qui touche la propriété des

---

* Comment l'acte de concession pourrait-il créer une propriété nouvelle, quand c'est au propriétaire lui-même du sol que la concession a été consentie ? Comment y aurait-il propriété nouvelle, si la mine concédée, au lieu d'être précédemment une chose *nullius,* appartenait déjà par droit d'accession à ce propriétaire ?

(1) Locré. *Loi du 21 avril* 1810, p. 34.

mines; les droits des propriétaires du sol sont reconnus et liquidés par une redevance qui les consacre; et en même temps, par cette séparation du sol, les mines deviennent une propriété de nature particulière dont le gouvernement dispose dans l'intérêt de leur bonne exploitation, c'est-à-dire dans l'intérêt de tous.

SECTION II.

SOMMAIRE GÉNÉRAL DE LA LOI DU 21 AVRIL 1810.

C. Exposons maintenant les principales dispositions de notre loi minière, en suivant de près le très exact résumé qu'en fournit M. Et. Dupont dans sa *Jurisprudence des mines* (1), et en nous étayant sur les *Principes de compétence* (2) et le cours oral de notre savant professeur de droit administratif, M. Chauveau.

La loi du 21 avril 1810, selon la classification minéralogique de Fourcroy, range les substances minérales en trois classes : les mines, les minières et les carrières (art. 1, 2, 3, 4), classement qui offre un grand intérêt, car les règles d'exploitation varient précisément selon qu'il s'agit de mines, de minières ou de carrières; et de plus, les mines seules sont érigées par la loi en propriétés indépendantes de la surface (3).

(1) Et. Dupont. *Op. cit.*, p. 53 et ss.
(2) Chauveau Adolphe. *Principes de compétence et de juridiction administratives.*
(3) Maurice Block. *Dictionnaire de politique.*

Dans cette nomenclature ne se trouvaient pas comprises les mines de sel gemme, mais la loi du 17 juin 1840 a consacré, pour cette substance, le régime des mines, sauf de légères différences (v. art. 3, 4. Loi de 1840).

Notre loi de 1810 fait des mines une propriété particulière et distincte, une *propriété nouvelle*, qui ne peut être exploitée qu'en vertu d'un acte de concession délibéré en conseil d'Etat (art. 5, 7, 19). Elle consacre formellement un droit des propriétaires de la surface sur les produits des mines, mais au gouvernement est réservée l'attribution de régler librement ce droit dans l'acte de concession (art. 6 et 42).

Le gouvernement est souverain pour juger des motifs d'après lesquels il doit accorder la concession : aucun droit de préférence n'est réservé ni au propriétaire, ni à l'inventeur, qui ne peuvent donc présenter à cet égard de recours *contentieux*, la matière étant essentiellement *gracieuse* (1). Néanmoins, les droits de l'inventeur sont reconnus et consacrés, et s'il n'obtient pas la concession, il a droit à une indemnité de la part du concessionnaire, laquelle est réglée par le gouvernement dans l'acte de concession (art. 16). C'est là une mesure qui encourage l'esprit de recherche tout en conservant au gouvernement la libre disposition des mines, qui est une nécessité pour la bonne administration de la richesse minérale.

L'Etat reçoit un double tribut des mines : une redevance fixe de dix francs par kilomètre carré, et une redevance proportionnelle, limitée au vingtième du pro-

(1) M. Chauveau. *Cours oral.*

duit net, avec un décime par franc en sus (art. 34, 35, 36).

L'administration exerce, en ce qui concerne les mines, une surveillance de police pour la conservation des édifices et la sûreté du sol, la solidité des travaux et la sécurité des ouvriers ; elle se réserve tout moyen d'empêcher qu'une exploitation souterraine soit restreinte ou suspendue, de manière à inquiéter la sûreté publique ou les besoins des consommateurs (art. 47, 48, 49 et 50).

L'acte de concession purge les droits des propriétaires et des inventeurs, et donne au concessionnaire désigné la propriété libre, la *propriété vierge,* selon l'expression de Regnauld de Saint-Jean d'Angely. Cette propriété est *perpétuelle, immobilière, disponible, et transmissible comme les autres biens,* ce qui entraîne les capitaux vers cette industrie en assurant à l'exploitant que nul ne viendra lui enlever le fruit de son travail (art. 7 et 8).

Mais, en même temps, la loi déclare que les actions ou intérêts dans une société ou entreprise pour l'exploitation des mines sont *meubles,* conformément à l'article 529 du C. N., ce qui facilite encore le mouvement des capitaux vers l'industrie minérale (art. 8).

Le droit de faire des recherches est réservé au propriétaire du sol, ou bien à l'explorateur autorisé par le gouvernement, qui n'accorde cette autorisation (acte purement *gracieux,* c'est-à-dire sans *recours contentieux* pour celui qui sollicite) (1), qu'après avoir entendu le propriétaire et en lui assurant une indemnité préalable (art. 10), indemnité, soit dit en passant, qui n'est pas

(1) Chauveau Adolphe. *Principes de compétence.*

toujours facile à régler d'avance, mais qui concilie le respect légitime dû à la propriété avec le droit et le devoir inhérents au gouvernement d'encourager le développement de l'industrie.

Nulle permission de recherches ni concession de mines ne peut, sans le consentement formel du propriétaire de la surface, donner le droit de faire des sondes et d'*ouvrir* des puits ou galeries, ni celui d'établir des machines ou magasins dans les *enclos murés, cours ou jardins, ni dans les terrains attenant aux habitations ou clôtures murées*, dans la distance de cent mètres desdites clôtures ou des habitations (art. 11).

Tout Français ou étranger est déclaré apte à obtenir une concession de mines. Des formalités d'affiches et publications, communes à tous demandeurs, permettent aux intéressés de former des oppositions ou des demandes en concurrence, et les oppositions sont admises devant le ministre de l'intérieur ou le Conseil d'Etat, jusqu'à l'*émission du décret de concession* (titre III, section 2 ; titre IV, section 1re).

Ces formalités sont destinées à empêcher toute obtention de concession par surprise, et elles s'opposent au retour des abus qu'on a reprochés au pouvoir sous l'ancienne monarchie.

Les concessionnaires sont autorisés à occuper les terrains nécessaires aux travaux d'exploitation ; mais ils doivent indemnité au propriétaire, et cette indemnité est réglée au double du dégât, ou bien au double de la valeur intrinsèque du terrain acquis (art. 43-44).

Les concessionnaires antérieurs à la loi nouvelle sont maintenus (art. 51). Les législateurs de 1810 ont ainsi évité la faute grave, commise en 1791, de remettre en question les concessions acquises.

Pour les anciennes concessions, les conventions antérieures qui pouvaient exister entre les titulaires et les propriétaires du sol, loin d'être abolies, ont été positivement conservées (art. 51). On a évité d'astreindre ces anciennes concessions aux dispositions des art. 6 et 42, ce qui eût été donner à la loi un effet rétroactif.

Les ingénieurs des mines exercent, sous les ordres des préfets, la surveillance administrative sur les mines (titre V, art. 47, 48, 49 et 50).

CI. Les minières sont considérées comme des dépendances du sol, et comme ce sol paie déjà la contribution foncière, elles ne sont pas soumises à des redevances. Néanmoins, le propriétaire ne peut exploiter une minière sans une déclaration qu'il devra présenter au préfet du département. Le préfet donne acte de cette déclaration, et ceci vaut permission pour le propriétaire qui peut dès lors exploiter sans autre formalité (art. 59).

Les produits des minières étant indispensables à la marche des fourneaux et forges, il fallait prévoir le cas où le propriétaire n'exploiterait pas, afin que les maîtres de forges pussent être autorisés à exploiter à sa place ; c'est ce qui est fait dans les art. 60, 61, 62, 63, 66, où le double intérêt de la propriété du sol et de l'industrie métallurgique est également ménagé.

En cas de concurrence entre les maîtres de forges, le préfet règle, sur l'avis de l'ingénieur des mines, la répartition des minerais entre les concurrents (art. 64).

La section 4 du titre VII traite de l'établissement des forges, fourneaux et usines ; elle consacre le droit de permission du gouvernement et en détermine l'exercice.

Les tourbières ne peuvent être exploitées par les propriétaires sans autorisation (art. 84). Un règlement d'administration publique, destiné à garantir la salubrité générale et l'asséchement des terrains, doit préciser le système d'exploitation des tourbières dans chaque localité (art. 85).

Le titre IX, qui traite des expertises, se conforme aux dispositions du Code de procédure civile.

Le titre X est relatif à la police et à la juridiction en matière de mines. En cas de contravention aux lois et règlements sur les mines, des procès-verbaux sont adressés en originaux aux procureurs impériaux (c'est-à-dire au pouvoir judiciaire), qui doivent poursuivre d'office les contrevenants (art. 93, 94, 95).

Telles sont les dispositions générales de la loi du 21 avril 1810.

Pour la plupart d'entr'elles, cet exposé nous suffira ; pour quelques autres, nous entrerons bientôt dans le détail.

CII. Cette loi a été suivie de diverses mesures législatives ou administratives, dont voici la liste :

Le 3 août 1810, il parut une instruction du ministre de l'intérieur, Montalivet, sur l'application de la loi. Le 18 novembre, même année, un décret régla la composition du corps des ingénieurs des mines et les attributions diverses de ses membres (1). Le 6 mai 1811, un décret impérial régla en pratique la perception des rede-

(1) V. *Journal des Mines* et *Bulletin des lois.*

vances fixes et proportionnelles. Les 3 janvier et 9 février 1813, décret et instruction réglementaire sur la police des mines et les mesures à prendre en cas d'accident.

Le 27 avril 1838, il a été rendu une loi importante sur l'asséchement des mines (1), qui permet au gouvernement d'obliger les concessionnaires de mines menacées d'inondation à exécuter en commun et à leurs frais les travaux nécessaires pour combattre les eaux, avec droit pour le ministre, sauf recours au Conseil d'État (2), de déclarer la déchéance des récalcitrants, ainsi que de tous concessionnaires dont l'exploitation est restreinte ou suspendue sans cause légitime, de manière à inquiéter la sûreté publique ou les besoins des consommateurs. C'est là une restriction fort remarquable, quoique nécessaire, à la propriété perpétuelle des concessions (v. les développements aux §§ CXIV et ss.).

Le 17 juin 1840, loi relative aux mines de sel gemme et aux sources d'eaux salées. Ordonnances sur les mêmes matières, les 7 mars, 23 mai, 26 juin 1841. Au 26 mars 1853, ordonnance réglementant les mesures à prendre lorsque l'exploitation compromet la sûreté publique ou celle des ouvriers, et prévoyant le cas où l'administration pourra exécuter, *d'office et aux frais des concessionnaires*, les travaux commandés par les circonstances.

Le 24 décembre 1851, dispositions par décret sur le personnel du corps des mines. Le 23 octobre 1852, décret d'une haute portée défendant la réunion de plusieurs concessions de même nature entre les mêmes

---

(1) *Annales des mines*, 3e série, t. XIV, p. 557.
(2) M. Chauveau, à son cours; et *Principes de compétence*, nos 1218 à 1220 ; malgré l'avis de M. Troplong.

mains, sans l'autorisation du gouvernement (v. §§ CX et CXVIII). Le 30 juin 1860, décret destiné à favoriser l'extension des abonnements à la redevance proportionnelle sur les mines, et spécifiant que cet abonnement sera réglé désormais en prenant pour base le produit net moyen des deux années antérieures. Le 6 décembre, même année, circulaire ministérielle sur la fixation du revenu brut, non d'après les quantités extraites, mais d'après celles vendues. Le 30 avril 1861, circulaire relative à l'instruction des demandes en concession; le 11 décembre, même année, décret concernant le traitement des ingénieurs. Enfin, le 15 avril 1862, circulaire et instruction relatives à la levée de plans des mines et surfaces.

Tels sont les décrets, lois et règlements qui sont venus après la loi du 21 avril 1810, et qui forment, avec celle-ci à la base, l'édifice de notre législation minérale (1). (M. Et. Dupont.)

« On a pu voir par le précédent exposé, ajoute ce » savant ingénieur, combien la législation des mines » inaugurée en 1810 est préférable en tous points aux » législations antérieures : préférable pour les propriétai-» res du sol dont elle consacre le droit, pour les exploi-» tations qu'elle encourage, pour les concessionnaires à » qui elle garantit la propriété de leurs mines. Aussi » l'essor incroyable qu'a pris en France l'exploitation » minière depuis 1810 est dû en grande partie aux bons » effets de la loi des mines, dont le Conseil d'Etat de » l'Empire a doté la France. »

Cette part d'éloge faite à la situation actuelle, qu'il

(1) Et. Dupont, *loc. cit.*

nous soit permis de formuler quelques critiques en indi-
quant certaines améliorations désirables. Sans revenir
encore sur ce que nous avons dit à propos d'un meilleur
système philosophique que la loi des mines eût dû
adopter de préférence comme base de ses théories, disons
qu'il serait fort souhaitable, dans l'intérêt de la richesse
minérale, de voir modérer le chiffre des redevances per-
çues par l'Etat , et de voir immobiliser les *approvisionnements* que l'art. 9 de la loi déclare *meubles* fort malen-
contreusement (v. § CXXII); qu'il faudrait que le législateur décrétât, dans l'intérêt du crédit des concessionnaires, comme cela a lieu en Belgique, que le vendeur
de machines, appareils et instruments pour l'exploitation
minière conserve un privilége pendant deux ans à
partir de la vente, nonobstant l'immobilisation des objets
vendus; qu'il serait fort utile d'établir ou perfectionner les voies de communication, de veiller à l'organisation du halage, à l'amélioration des rivières. Disons qu'il
y aurait lieu de se préoccuper (1) de la rareté de la
main-d'œuvre ; de l'insuffisance, de l'inhabileté du personnel employé en sous-ordre dans les exploitations; que,
sauf compensations aux compagnies, tous les efforts du
gouvernement devraient avoir en vue la réduction sur
les chemins de fer des tarifs applicables au transport
spécial des houilles *pour les petits parcours;* qu'il faudrait obvier par des dispositions nouvelles aux lenteurs et
aux formalités qui précèdent l'obtention des concessions,
au manque de règles fixes qui président au choix du

---

(1) Ed. Dalloz, *op. cit., passim.* — Rapport au Corps législatif par
M. Rigaud, session de 1860. — *Moniteur* du 16 mars 1860. — *Journal
des mines* du 26 septembre 1861.

concessionnaire, et à l'incertitude dans laquelle restent les prétendants pendant plusieurs années.

SECTION III.

CLASSIFICATION. MINES, MINIÈRES, CARRIÈRES.

CIII. La loi de 1810 commence par classer les substances minérales sous une division tripartite, en ses art. 2, 3 et 4.

« Art. 2. Seront considérées comme mines, les masses
» de substances minérales connues pour contenir en
» filons, en couches ou en amas, de l'or, de l'argent,
» du platine, du mercure, du plomb, du fer en filons ou
» couches, du cuivre, de l'étain, du zinc, de la calamine,
» du bismuth, du cobalt, de l'arsenic, du manganèse,
» de l'antimoine, du molybdène, de la plombagine *ou*
» *autres matières métalliques*, du soufre, du charbon de
» terre ou de pierre, du bois fossile, des bitumes, de
» l'alun et des sulfates à base métallique. »

« Art. 3. Les minières comprennent les minerais de
» fer dits d'alluvion, les terres pyriteuses propres à être
» converties en sulfate de fer, les terres alumineuses et
» les tourbes. »

« Art. 4. Les carrières renferment les ardoises, les
» grès, pierres à bâtir et autres, les marbres, granits,
» pierres à chaux, pierres à plâtre, les pozzolanes, le
» trass, les basaltes, les laves, les marnes, craies, sables,
» pierres à fusil, argiles, kaolin, terres à foulon, terres
» à poteries, les substances terrestres et les cailloux de

» toutes natures, les terres pyriteuses regardées comme
» engrais, le tout exploité à ciel ouvert ou avec des
» galeries souterraines. »

On voit, d'après cela, que c'est la nature de la substance exploitable qui détermine seule dans quelle classe
se trouve la substance. Peu importe le *mode d'exploitation*, comme le dit l'art. 4, *in fine;* peu importe même la
profondeur plus ou moins grande du gite, car l'art. 1er a
soin de nous dire : « *renfermées dans le sein de la terre
ou existantes à la surface* (1). »

Telle est aussi la jurisprudence du Conseil d'Etat
manifestée par des ordonnances fortement motivées des
10 octobre 1839, 19 juillet 1843, un décret du 23 août
1853 (2). La même doctrine est suivie en Belgique (3).

CIV. Nous avons cependant trois exceptions au principe que nous venons d'émettre. La première a trait aux
minerais de fer. Les minerais de fer dits *d'alluvion*,
considérés comme minières par l'art. 3, sont traités
comme mines par l'art. 68, et soumis au régime des
concessions lorsque leur exploitation exige des *travaux
réguliers par des galeries souterraines*. D'un autre côté,
l'art. 69 dispose que les minerais de fer en filons ou couches, mis au nombre des mines par l'art. 2, deviennent

---

(1) Conf. Et. Dupont. I, p. 148 et ss. — Dufour : *Les lois des mines*,
n° 13. — De Fooz : *Points fond. de la législat. des mines*, p. 128. —
Lamé Fleury : *Texte annoté de la loi du 21 avril 1810, art. 1er* — De
Cheppe : *Annales des mines*, 4e série, t. IV, p. 621 et ss. — Dalloz :
Jurisp. gén., 2e édit., v° *Mines*. — Ed. Dalloz, *op. cit*, p. 74. —
F. Prunet, *op. cit.*, p. 78, etc.

(2) *Annal. des mines*, 3e série, t. XVI, p. 738. — *Recueil des arrêts
du C. d'Etat*, t. III, p. 377. — *Recueil de Lebon*, année 1853, t. XXIII,
2e série, p. 855.

(3) Chicora. *Jurisp. du C. des mines de Belgique*, p. 283.

minières et ne sont plus soumis à concession, si l'exploitation à ciel ouvert est possible, à moins qu'elle ne doive durer que peu d'années et rendre ensuite impossible l'exploitation avec puits et galeries. Par respect pour ces dispositions, le gouvernement insère une clause spéciale dans les actes de concession relatifs à des mines de fer (1).

Les deux autres exceptions sont relatives à l'*alun* et à la *pyrite de fer* : en effet, l'alun est rangé formellement parmi les mines par l'art. 2 de la loi, et la pyrite s'y trouve aussi classée en vertu du même article comme pouvant rentrer dans les *sulfates à base métallique*, tandis qu'en vertu de l'art. 3 sont classées parmi les minières les terres alumineuses et les terres pyriteuses propres à être converties en sulfate de fer ; d'où il suit que les masses minérales qui fournissent de l'alun ou de la pyrite de fer sont, tantôt des mines, lorsqu'elles sont exploitables par galeries et autres travaux d'art, tantôt des minières, lorsqu'elles peuvent être exploitées à ciel ouvert. La pyrite de fer offre même ceci de particulier, qu'elle se trouve encore classée parmi les carrières, quand elle doit être, aux termes de l'art. 4 de la loi de 1810, *regardée comme engrais*. Mais ces exceptions, dictées par des considérations particulières, ne font que confirmer le principe général.

CV. Les auteurs et la jurisprudence sont du reste d'accord pour décider que l'énumération de l'article 2, quoique fort étendue, est *énonciative* et non *limitative*. Ces mots « *ou autres matières métalliques* », que la commission du Corps législatif fit ajouter, ne laissent aucun

---

(1) Et. Dupont, 1, p. 160.

doute sur ce point, surtout quand on se reporte aux
motifs qui ont été présentés à l'appui de l'amendement :
« On propose les mots ajoutés afin de comprendre toutes
» les *substances métalliques*. Plus la nomenclature est
» étendue, plus on se croirait autorisé à prétendre qu'une
» mine qui n'y serait pas comprise n'est pas dans les
» dispositions de la loi (1). » Il faut donc comprendre
dans l'énumération de l'art. 2 les minéraux qui ont de
l'analogie avec ceux désignés, tels que l'iode, le tellure,
le tungstène, le nickel, le chrome, le jayet, le succin et
autres substances de même nature, inconnues en 1810
ou entrées seulement depuis lors dans le domaine des
applications industrielles (2).

En cas de contestation, quelle autorité sera compétente pour décider si telle substance est concessible ou
non, s'il faut la faire rentrer dans une classe ou dans une
autre ? Il y a lieu de distinguer. Si la question s'élève
dans le cours de l'instruction qui suit une demande en
concession, c'est le pouvoir chargé de concéder les
mines, c'est-à-dire le gouvernement en son Conseil
d'Etat qui sera compétent, et il y aura lieu à la voie contentieuse, car il s'agira d'un droit réclamé par le propriétaire demandeur. C'est là la pratique constante (3).
Reconnaissons cependant qu'aucun texte de loi n'a établi
de dérogation au principe qui veut que l'autorité judiciaire
soit seule compétente dans les questions de propriété.

Si, au contraire, la question s'élève au sujet d'une

---

(1) Locré, p. 349.
(2) Ed. Dalloz, *op. cit.*, p. 84. — Peyret-Lallier. *Traité en forme de
commentaire sur les mines*, I, n° 52.
(3) M. Chauveau, à son cours.

contravention commise par un propriétaire exploitant sur son terrain sans aucun acte de concession, c'est le tribunal correctionnel, saisi de la poursuite, qui devra décider.

CVI. La loi entend par *minières* (art. 3) les dépôts naturels de certaines substances qui se trouvent à la superficie du sol ou à une petite profondeur, et qui n'ont pas d'ailleurs été compris par l'article 2 au nombre des mines.

A la différence de l'art. 2 qui ne fait qu'énoncer quelques-unes des substances considérées comme mines, et encore de l'art. 4 qui se réfère aux carrières, la disposition de l'art. 3 (v. le texte § CIII) est conçue en termes limitatifs ; de là cette conséquence que, lorsqu'il s'agira de classer une substance non dénommée dans le texte, l'on n'aura que l'alternative de l'admettre au rang des mines ou parmi les carrières.

Les minières, à la différence des mines, sont laissées à la disposition des propriétaires du sol sous certaines conditions déterminées aux articles 57 et suivants de notre loi, et cela parce que : « placées ou à la surface du » sol, ou presque immédiatement au-dessous de la cou- » che végétale, elles peuvent être exploitées sans de » grands travaux et sans compromettre en rien les res- » sources de l'avenir (1). »

Les tourbes ont été assujetties (articles 83 et suivants) au régime des minières, c'est-à-dire à la nécessité d'une permission, pour éviter les inconvénients graves qui résulteraient du gaspillage de ce combustible.

_____

(1) Locré, p. 425 et 426. — *Rapport du comte de Girardin.*

CVII. La troisième classe des exploitations minérales comprend les carrières.

L'énumération de l'art. 4 (v. le texte § CIII) ne paraît. pas limitative ; au reste, elle le serait difficilement à cause même des termes dont elle se sert, car sous le nom générique d'argile, craie, sable, on peut ranger un grand nombre de substances.

La propriété complète des carrières est entre les mains du propriétaire du sol, et cela pour des raisons déjà exposées plusieurs fois. Non-seulement le propriétaire a le droit d'ouvrir des carrières sur son terrain sans permission, mais il ne peut pas être dépouillé quand il n'exploite pas (1) ; de plus, il n'est soumis à aucune redevance. Moyennant l'impôt foncier qu'il paie pour la surface (et la patente), on lui laisse la propriété du sous-sol franche et quitte envers l'Etat. Il est seulement soumis à la surveillance, et contraint de se conformer aux réglements locaux. Toutefois, la surveillance sera différente suivant le mode d'exploitation qu'il suivra : l'exploitation a-t-elle lieu à ciel ouvert, il n'est assujetti qu'à la surveillance de la police, a-t-elle lieu par galeries souterraines, la règle change ; les dangers d'asphyxie, d'éboulement, se retrouvent comme dans les mines, il sera donc soumis à une surveillance analogue à celle exercée sur les mines.

Mais, remarquons bien que la qualification de carrière doit être appliquée à telle ou telle substance d'après sa nature et non d'après son mode d'exploitation, car notre

---

(1) *Vid. tamen* l'arrêt du 22 janvier 1706 qui frappe les carrières d'une servitude au profit des Ponts et chaussées ; et l'art. 17 de la loi sur les chemins vicinaux, du 21 mai 1836.

art. 4 se termine par ces mots : « le tout exploité à ciel
» ouvert ou avec des galeries souterraines. »

SECTION IV.

DES CONCESSIONS.

CVIII. « On doit, disait l'Empereur, à la séance du
» Conseil d'Etat du 18 novembre 1810, regarder les
» mines comme des choses qui ne sont pas encore nées,
» qui n'existent qu'au moment où elles sont purgées de
» la propriété de la surface, et qui, à ce moment même,
» deviennent des propriétés par l'effet de la concession.
» Avant la concession, les mines ne sont pas des pro-
» priétés, mais des biens. »

Nous savons qu'une permission est nécessaire, mais
suffit, pour exploiter les minières, ainsi que les carrières
en galeries souterraines; que les mines seules sont sujet-
tes à concession. Voyons ce qu'il faut exactement entendre par *concession* : ce fait juridique, donnant seul naissance à la propriété des mines, se rattache directement
à la matière que nous nous sommes délimitée.

Depuis la loi de 1810, une concession est un acte
solennel du pouvoir exécutif qui crée une propriété
transmissible comme toutes les autres, *inviolable et sacrée
dans le droit et dans le fait* (1). L'introduction de ces
principes dans la loi rencontra beaucoup d'obstacles,

_____

(1) *Paroles de l'Empereur au C. d'Etat, le* 18 *novembre* 1808. — Locré,
p. 236.

mais eut lieu grâce à la puissante intervention de Napoléon.

Sous l'ancien droit, les concessions ont été tantôt perpétuelles, tantôt temporaires; elles conféraient ou non la propriété, étaient tantôt irrévocables, tantôt révocables *ad nutum*, parfois générales, c'est-à-dire s'appliquant à toutes les mines découvertes ou non de telle province ou de tout le royaume, d'autres fois particulières.

Aujourd'hui, pour obtenir une concession, il faut : 1° que le gîte minéral soit de nature concessible ; 2° que son existence certaine soit démontrée (1) ; mais il n'est pas nécessaire d'indiquer les allures du métal ou de la substance, pas plus que sa disposition souterraine, ni d'établir que l'exploitation doit être avantageuse au concessionnaire (2).

La concession, ainsi, est particulière, spéciale, perpétuelle, et irrévocable si ce n'est pour inexécution des conventions.

La demande en concession, rédigée selon les formes voulues (pétition accompagnée d'un plan de la surface en triple expédition à l'échelle de 0m01 pour 100 mètres) est adressée au préfet de la situation de la mine, et l'affaire est instruite au département, au ministère des travaux publics, au Conseil des mines et au Conseil d'Etat. Le décret préparé par le Conseil d'Etat, avec la décision impériale qui le confirme, contient cette mention solennelle : le Conseil d'Etat entendu. Le décret est inséré au

---

(1) Circulaire du Directeur général des Ponts et chaussées et des mines, du 31 octobre 1837, destinée à réprimer les agiotages sur de prétendues mines souvent chimériques.

(2) *Ibid.*

Bulletin des lois, notifié au concessionnaire par le préfet, affiché et publié dans les communes sur lesquelles s'étend la concession, et ne devient opposable aux tiers que par sa promulgation ; il est indispensable, en effet, que la création de cette propriété nouvelle soit portée à la connaissance de tous.

CIX. Le gouvernement a toute latitude pour déterminer l'étendue de la concession (1), contrairement à la loi de 1791 qui fixait un maximum de six lieues carrées.

Toute personne, l'étranger comme le français, l'Etat lui-même comme personne morale, peut obtenir une concession (2). Ce qu'il importe, c'est que le futur concessionnaire, quel qu'il soit, justifie des facultés nécessaires pour entreprendre et conduire les travaux, et des moyens de satisfaire aux redevances et indemnités qui lui seront imposées par l'acte de concession (3). La qualité de propriétaire du sol ou d'inventeur ne crée pas de *droit* à l'obtention de la concession, mais constitue de simples titres qu'apprécie le gouvernement. Elle ne peut servir de fondement à un recours contentieux, car la matière est essentiellement gracieuse, l'administration étant parfaitement libre dans son choix. Mais il y a recours contentieux dès que le propriétaire ou l'inventeur invoquent un droit : quand, par exemple, ils réclament pour faire fixer en l'acte impérial la redevance qui leur sera due. Il y aurait de même matière contentieuse de la part des conces-

(1) Un article du projet avait proposé un maximum de 25 kilomètres carrés, Napoléon le fit effacer. Locré, p. 147.

(2) Art. 13, Loi de 1810. — Loi du 6 avril 1825.

(3) Art. 14, Loi de 1810.

sionnaires voisins qui verraient la nouvelle concession écorner la leur (1).

Le plus souvent les concessions sont accordées à des sociétés, car une entreprise minière exige habituellement plus de fonds que n'en peut fournir la fortune d'un particulier.

L'exploitation des mines n'est pas considérée comme un commerce (art. 32, loi de 1810) et on s'accorde généralement, en doctrine et en pratique, malgré quelques dissidences, à reconnaître que les sociétés formées pour exploitation de mines sont *civiles*, bien qu'elles affectent les formes propres aux sociétés commerciales ; la mine est, en effet, un immeuble, et il n'y a pas acte de commerce à exploiter un immeuble. Mais ces sociétés prennent le caractère commercial dès que, ne se bornant pas à l'extraction, elles se mettent à travailler les matières premières *.

Il ne me paraît pas contestable que ces sociétés, bien que civiles, soient des êtres moraux, car, les actions et intérêts étant meubles d'après la loi, il s'ensuit que c'est

---

(1) M. Chauveau, à son cours.

(*) Une pétition, adressée au Sénat et examinée dans la séance du 7 mai 1867, expose que certaines sociétés, notamment les sociétés houillères, éludent les dispositions protectrices établies soit par le Code Napoléon, soit par le Code de Commerce et les différentes lois commerciales. Ces sociétés, dites civiles, affectent les statuts et la forme des sociétés commerciales en s'affranchissant des règles et garanties que la loi impose à ces dernières. — Il a paru utile à la commission d'appeler l'attention du Gouvernement sur l'état de la législation en ces matières, sur l'application des règles de la société en commandite par actions aux sociétés civiles qui adoptent cette forme, et particulièrement aux associations pour l'exploitation des mines et houillères. Le renvoi de la pétition, sur ce point, au Ministre de l'agriculture, du commerce et des travaux publics, est adopté par le Sénat.

(*Moniteur* du 8 mai 1867. — Supplément.)

la société seule, être de raison, qui est propriétaire de la mine, immeuble.

Comme les demandes en concession, les oppositions sont formées devant le préfet : elles y sont admises jusqu'au dernier jour du quatrième mois à compter de la date de l'affiche de la demande ; elles sont notifiées par actes extra-judiciaires à la préfecture où elles sont enregistrées sur un registre *ad hoc* : elles sont notifiées aussi aux parties intéressées, et le registre est ouvert à tous ceux qui en demandent communication (art. 26, loi de 1810).

Si l'opposition est motivée sur la propriété de la mine acquise par concession ou autrement, les parties sont renvoyées devant les tribunaux et cours (art. 24), c'est-à-dire devant le pouvoir judiciaire, seul juge des questions de propriété.

Quant aux difficultés qui s'élèvent après le décret de concession rendu, il faut distinguer. L'acte de concession créant une propriété, toutes les questions d'*application* du titre sont du ressort des tribunaux ordinaires (en supposant que la validité de l'acte lui-même ne soit pas attaquée). S'il s'agit d'*interpréter* le titre, l'autorité administrative, en raison de la séparation des pouvoirs, est seule compétente : y a-t-il simple intérêt fondé sur l'utilité particulière, la discussion de cet intérêt a lieu par voie *gracieuse;* y a-t-il « *intérêt spécial émanant d'un intérêt* » *général discuté en contact avec un droit privé,* » le contentieux prend naissance (1).

CX. Terminons cette section, en notant ou récapitulant les conséquences et effets principaux de la conces-

---

(1) Chauveau Adolphe. *Principes de compétence.*

sion sur la propriété des mines (art. 7, 8, 9, 17, 18, 19, 20, 21, loi de 1810).

L'entier accomplissement des formalités, la promulgation du décret, rendent la concession inattaquable par quelque voie que ce soit : il y a *droit acquis* pour le concessionnaire, droit qui ne peut désormais lui être enlevé que dans les cas formellement prévus par les lois.

Les droits du propriétaire de la surface sont purgés par la concession, au moyen de la redevance (art. 17) ; désormais la mine et la surface forment deux propriétés distinctes l'une de l'autre, et cela, même quand le concessionnaire est ou devient propriétaire de la surface.

Le concessionnaire a le droit de disposer de la mine, c'est-à-dire de l'aliéner. Toutes les règles établies au Code Napoléon sont, en général, applicables à la cession des mines. Il en est une cependant que tout le monde est d'accord pour écarter, c'est la rescision pour lésion : les produits des mines ont un caractère aléatoire qui ne permet pas de déterminer la lésion.

Mais si le propriétaire d'une mine veut faire une aliénation partielle, il doit obtenir l'autorisation préalable du gouvernement (art. 7). Cette disposition s'explique par la nécessité de ne pas détruire toute l'économie de notre loi en laissant facilement aliéner les mines par lots. L'autorisation du gouvernement est, de même, nécessaire pour le partage de la mine. Bien plus, il y a prohibition de réunir ou fusionner plusieurs concessions sans une autorisation de l'autorité supérieure : l'interdiction est absolue et atteint tous actes de réunion à un titre quelconque, aussi bien celles par hérédité et expropriation judiciaire, que celles par acquisition et donation, à titre onéreux ou gratuit. La sanction est rigoureuse, c'est le retrait possible de la mine (1). Voici, du reste, le texte du décret du 23 octobre 1852, qui a complétement tranché la question :

« Art. 1er. Défense est faite à tout concessionnaire de
» mines, de quelque nature qu'elles soient, de réunir sa
» ou ses concessions à d'autres concessions de même
» nature, par association ou acquisition, ou de toute
» autre manière, sans l'autorisation du gouvernement.

» Art. 2. Tous actes de réunion opérés en opposition à
» l'article précédent, seront, en conséquence, considérés
» comme nuls et non avenus, *et pourront donner lieu au*
» *retrait de concession,* sans préjudice des poursuites
» que les concessionnaires des mines réunies pourraient
» avoir encourues en vertu des art. 414 et 419 du Code
» pénal. »

(V. sur les inconvénients de ces réunions *monopolisantes,* ce qui est dit en notre § XXV.)

Des règles particulières sont établies pour les concessions obtenues collectivement. Dans le cas où la concession appartient à plusieurs personnes ou à une société, les concessionnaires ou la société doivent, quand ils en sont requis par le préfet, justifier que les travaux d'exploitation sont, d'après une convention spéciale, remis aux mains d'une direction unique, dans un intérêt commun. Faute de cette justification, ou si la convention destinée à assurer l'unité de la concession n'est pas exécutée, le préfet peut ordonner la suspension des tra-

_____

(1) Décret du 23 octobre 1852 ; et circulaire ministérielle du 20 novembre 1852.

vaux, sauf recours au ministre et au Conseil d'Etat. Ils doivent aussi faire connaître, par une déclaration authentique faite au secrétariat de la préfecture, celui des concessionnaires ou toute autre personne pourvue des pouvoirs nécessaires, qui doit les représenter vis-à-vis de l'administration.

Un concessionnaire peut renoncer à la totalité ou à une portion de la concession, en s'adressant par voie de pétition au préfet *six mois au moins* avant l'époque à laquelle il veut abandonner ses travaux (1) (v. § CXX).

J'arrive à l'une des plus importantes conséquences de la concession : l'obligation par le concessionnaire de payer des redevances ou indemnités tant à l'Etat qu'au propriétaire de la surface et à l'inventeur. Notre section V traitera de ce qui est dû à l'Etat, ce que nous avons à dire des deux autres prestations trouvant sa place au chapitre suivant, consacré au droit privé.

SECTION V.

DES REDEVANCES DUES A L'ÉTAT.

CXI. L'acte de concession forme, entre l'Etat et le concessionnaire, un véritable contrat synallagmatique ; l'Etat s'engage à garantir la propriété de la mine ; le concessionnaire s'oblige à remplir toutes les obligations particulières ou générales qui lui sont imposées par les lois, décrets ou réglements, notamment à payer des redevances, parmi lesquelles les unes sont dues à l'Etat.

(1) Instr. ministér. du 3 août 1810. — Décret du 3 janvier 1843. — Circul. du Directeur général des mines en date du 30 nov. 1834.

On ne serait donc pas fondé à considérer comme un don gratuit de la part de l'Etat les produits que les concessionnaires retirent du sein de la terre ; car, sans parler même des redevances, les mines reçoivent une bien grande partie de leur valeur des travaux des entrepreneurs et des capitaux exposés. En vain M. Ch. Comte prétend-il (1) : « Que les produits que recueillent les » concessionnaires ne devraient être qu'en raison des » capitaux qu'ils engagent, des travaux qu'ils y consa- » crent et des risques auxquels ils s'exposent ; que tout » ce qu'ils reçoivent au-delà n'est qu'un don gratuit qui » leur est fait aux dépens du public. » Indépendamment de la difficulté de mettre ce système en pratique ; indépendamment, vint-on à y réussir, de ce qu'il aurait de contraire à l'esprit industriel, nous soutenons que le don est loin d'être gratuit, et que, un tel compte fût-il praticable, l'Etat gagnerait peu à le provoquer, car s'il arrivait parfois qu'il fît entrer dans les caisses publiques de beaux bénéfices, il arriverait plus souvent qu'il établirait au profit du concessionnaire ruiné par son entreprise le droit à un fort dédommagement. En effet, « les champs » fructueux d'exploitation ne se découvrent souvent » qu'après de longues années de recherches dispendieu- » ses, et il y a telle mine qui doit sa prospérité présente » aux travaux accomplis sans rémunération par plu- » sieurs générations (2). »

La concession établit donc un forfait entre l'Etat et le concessionnaire, et la loi a été fort sage en statuant ainsi.

(1) Ch. Comte. *op. cit.*, ch. XXII.
(2) F. Le Play. *Réforme sociale*, p. 411.

CXII. Deux redevances annuelles sont dues à l'Etat. L'une est fixe et réglée d'après l'étendue de la conces-sion ; l'autre est proportionnelle au produit de l'extrac-tion (art. 33, 34, loi de 1810).

Cette double redevance peut étonner au premier abord (1). On peut se demander pourquoi on a suivi le mode adopté pour les patentes, lorsqu'on déclarait que l'exploitation des mines ne serait pas assujettie à cet impôt. Les discussions de la loi en donnent l'explication.

Deux systèmes étaient soutenus au Conseil d'Etat (2).

Les uns voulaient établir une redevance fixe, réglée d'après l'étendue de la concession ; ils voyaient là un moyen de restreindre cette étendue et d'obvier aux incon-vénients pratiques que la suppression d'un maximum leur faisait redouter. Napoléon lui-même soutenait ce système par un autre motif : il trouvait juste que l'exploitant fût soumis à une redevance, puisque tout propriétaire fon-cier est assujetti à un impôt, mais il voulait qu'elle fût fixe afin d'éviter toute immixtion des agents du trésor dans les affaires particulières de l'exploitant. Les autres critiquaient la redevance fixe comme étant inégale, trop lourde quand le terrain serait pauvre, trop faible quand le minerai serait abondant ; en conséquence, ils pré-tendaient que, pour être juste, la redevance devait être basée sur la quantité des produits. Après de longs débats, on est arrivé à concilier les deux opinions en les adop-tant l'une et l'autre ; on a admis une redevance fixe, plus une redevance proportionnelle, mais en même temps on

(1) F. Prunet, op. cit., p. 177.
(2) Locré, p. 67, 122, 290, 322.

a eu soin de déclarer que toutes les anciennes redevances dues à l'Etat, en vertu de lois, ordonnances, règlements ou anciennes concessions, se trouvaient suppri-
mées (art. 40). On n'a fait exception que pour celles
« dues à titre de rentes, droits et prestations quelcon-
» ques, pour cession de fonds ou autres causes sembla-
» bles, sans déroger toutefois à l'application des lois qui
» ont supprimé les droits féodaux » (Art. 41).

La redevance fixe a un double but : d'abord celui
d'empêcher la demande de concessions trop étendues et
de déterminer les demandeurs à n'ambitionner que ce qui
est vraiment nécessaire ou utile à leurs travaux ; en
second lieu, celui de fixer et de conserver les limites des
mines (1).

Elle est tarifée à dix francs par kilomètre carré, soit
dix centimes par hectare, de telle sorte qu'elle n'est pas
soumise à la loi annuelle des finances. En cela, et sous
d'autres points de vue aussi, elle diffère réellement de
l'impôt foncier et ne peut servir de base à la perception
de centimes additionnels (2). Elle frappe la propriété et
non les produits, remarquons-le bien, de sorte que c'est
une charge inhérente à la concession, au droit de propriété, et qui doit subsister autant que la concession
elle-même. L'exploitation étant abandonnée, la redevance fixe n'en est pas moins due tant que le concessionnaire n'a pas renoncé avec les formalités exigées par
la loi (3) (v. § CXX).

(1) Ed. Dalloz, *op. cit.*, II, 13.
(2) Par un arrêt de la Chambre des requêtes du 14 juin 1830, il avait
été jugé qu'elle ne pouvait concourir à la formation du cens électoral.
(3) Circul. du Directeur général des mines du 26 mai 1812. — Instr.
minist. du 29 décembre 1838.

L'assiette de cette redevance s'établit à l'aide du tableau que chaque préfet doit faire dresser pour toutes les mines concédées dans son département, tableau rectifié chaque année, à cause des mutations de propriété, des réductions ou augmentations survenues. Le préfet le transmet au directeur des contributions directes pour la confection des rôles de perception (1).

Les art. 44, 45, 46 du décret du 6 mai 1811 règlent les questions de compétence et d'instruction pour les demandes en décharge ou réduction de cette redevance.

CXIII. La redevance proportionnelle est une contribution annuelle à laquelle les mines sont assujetties sur leurs produits (art. 34, 2º).

Elle est réglée : « chaque année par le budget de l'Etat, » comme les autres contributions publiques : toutefois, » elle ne pourra jamais s'élever au-dessus de cinq pour » cent du produit net (art. 35). »

C'est donc là une contribution véritable ; mais, à la différence de la redevance fixe, elle n'est exigible que sur le produit, le *produit net* (loi de 1810, décret du 6 mai 1811), et, dès lors, cesse d'être due si le concessionnaire cesse d'exploiter.

Dans le système de la loi de 1810 (art. 39), le produit des redevances formait un fonds spécial affecté aux dépenses de l'administration des mines. Ce fonds spécial n'existe plus depuis longtemps, la loi des finances du 23 septembre 1814 (art. 20) ayant supprimé les fonds spéciaux et confondu les redevances dans les produits généraux du budget. Dans notre pays, où l'on a l'habi-

---

(1) Art. 1, 2 et 10, décret du 6 mai 1811.

tude de recourir continuellement à la protection de l'État, peut-être serait-il bon de rétablir cette caisse spéciale des mines et d'en employer une bonne partie à encourager l'industrie minière, qui a, aujourd'hui surtout, une lutte redoutable à soutenir contre la concurrence étrangère.

La redevance proportionnelle est imposée tous les ans. Elle a pour base le produit net de l'année écoulée et non de l'année courante. Elle ne doit jamais excéder le *vingtième* du produit net de la mine, et l'État a la faculté de dégrèvement perpétuel ou temporaire pour favoriser les entreprises dont l'exploitation est plus difficile, ou celles qui nécessitent de grands travaux, ou celles encore qui ont subi des accidents. Comme il est profitable pour un exploitant de connaître d'avance les charges qu'il aura à supporter, méthode qui a en outre le grand avantage : 1º de couper court à toutes les discussions regrettables qui peuvent s'élever entre les exploitants non abonnés et les ingénieurs des mines pour la fixation du montant de la redevance ; 2º de rendre ces derniers à leur mission exclusivement scientifique et bienveillante ; on a admis le système des *abonnements*, consistant dans un accord entre l'exploitant et l'administration, pour payer et percevoir chaque année la même somme (1). Du reste, il est entendu, en cas de non-abonnement, que le déficit d'une année ne rejaillit jamais sur l'année suivante ; que l'on ne peut déduire des produits nets d'une année les pertes de l'année précédente, avant que l'État ait perçu sa redevance proportionnelle.

(1) Ce système a même été favorisé par le décret du 6 juin 1860. — L'instruction du 3 août 1810 dit que ces abonnements seront faits, en général, pour cinq ans.

Les concessions de mines formant des propriétés immobilières distinctes, on en a conclu qu'elles sont, par là même, soumises individuellement à la redevance proportionnelle, et conséquemment, que lorsque plusieurs concessions appartiennent à une même personne, chacune d'elles n'en doit pas moins être considérée séparément au point de vue du produit qui lui est afférent, et sur lequel doit être établie cette redevance (1). « Si le » contraire était admis, dit à cet égard M. Et. Du- » pont (2), et si l'une des concessions était en perte » pendant que l'autre serait en bénéfice, le trésor serait » frustré de tout ou partie des droits légaux qu'il pos- » sède sur les produits de la mine en bénéfice, ce qui » est inadmissible. »

Les demandes en réduction ou décharge étant basées sur un *droit* sont jugées au contentieux par le conseil de préfecture. Celles en remise ou modération, s'appuyant sur un simple *intérêt*, ne donnent lieu qu'à des décisions gracieuses de l'administration (3).

En général, dans les cas où les obligations imposées aux concessionnaires ne sont pas exactement remplies, il y a lieu au retrait des concessions (V. *Section VI,* ci-après).

---

(1) Arrêté ministériel du 28 février 1835. — *Annales des mines,* II, p. 735. — Ed. Dalloz, *op.; cit.,* p. 52.

(2) Et. Dupont, *op. cit.,* I, p. 369.

(3) M. Chauveau, à son cours. — Conf. Laferrière. *Droit admin.,* II, p. 43

SECTION VI.

DES MESURES PRISES DANS L'INTÉRÊT DE LA PRODUCTION, NOTAM-
MENT DE LA LOI DU 27 AVRIL 1838.

CXIV. Le concessionnaire est obligé d'exploiter : la
faveur d'une concession n'est jamais accordée à un particulier que dans le but de faire jouir la société des
avantages d'une bonne exploitation. Toute loi minière
qui ne prendrait pas des mesures suffisantes à cet effet
serait à coup sûr une loi incomplète. Or, c'est justement
là le reproche qui peut être adressé, en cette circonstance, à notre loi de 1810.

Le projet avait prévu deux cas de déchéance. La cessation des travaux ou l'abandon de la mine devaient
faire revenir celle-ci entre les mains de l'Etat (1), sauf
les droits des créanciers du concessionnaire de faire
mettre la mine aux enchères pour être payés ; et ce
système eût été infailliblement admis sans l'opposition
insurmontable de Napoléon. « On n'oblige pas, disait-il,
» un propriétaire à abandonner sa ferme, lorsqu'il cesse
» d'exploiter. Pourquoi en serait-il autrement des
» mines?..... Le principe de l'abandon ne peut pas être
» admis dans un pays où la propriété est libre, et, puis-
» que les mines sont de véritables propriétés, il est

(1) Locré, p. 70.

» impossible de faire à leur égard des exceptions au
» droit commun (1). »

L'empereur allait évidemment beaucoup trop loin, et
il est un point qu'il perdait de vue, c'est que la propriété de la mine repose sur un contrat synallagmatique
entre le gouvernement et le concessionnaire; or, tout
contrat synallagmatique contenant une condition résolutoire tacite, quand le concessionnaire cesse d'exploiter, il manque à la condition essentielle du contrat, et
la résolution doit s'ensuivre.

Quoi qu'il en soit, les mesures protectrices des droits
de l'Etat, de l'intérêt général, disparurent du projet
pour faire place aux dispositions vagues et incolores de
l'article 49.

Article 49. « Si l'exploitation est restreinte ou sus-
» pendue, de manière à inquiéter la sûreté publique ou
» les besoins des consommateurs, les préfets, après
» avoir entendu les propriétaires, en rendront compte
» au ministre de l'intérieur, *pour y être pourvu ainsi*
» *qu'il appartiendra.* »

Cet article ne décidait vraiment rien, aussi l'expérience ne tarda pas à montrer combien on avait eu tort
de ne pas maintenir les termes du projet. On sentit bien
vite les désastreux effets d'un texte qui, ne posant
aucune règle fixe, laisse le citoyen, ignorant la conséquence de ses actes, livré à l'arbitraire, à l'inconnu (2).

Dès le mois d'août 1810 (3), on tenta de porter
remède à la situation, et ces tentatives se renouvelèrent

(1) Locré, p. 297.
(2) A. Le Guay, *op. cit.*, p. 187.
(3) Circulaire du ministre de l'intérieur, du 3 août 1810, A. § 5.

d'année en année, infructueuses ou contrariées par les événements politiques.

CXV. Une lacune regrettable continua donc à subsister dans la législation des mines. Depuis 1824, l'administration avait cherché à la combler en insérant, dans le cahier des charges, une clause résolutoire très explicite, qui accordait le droit de retrait au gouvernement dans certains cas. Mais il manquait toujours la sanction du législateur ; un grave événement présenta l'occasion de la donner (1).

Le bassin houiller de Rive-de-Gier, un des plus importants de France, se trouvait depuis longtemps envahi par une inondation souterraine. En 1833, le gouvernement avait fait des démarches pour déterminer les concessionnaires à entreprendre les travaux d'assèchement en commun, seul moyen de les rendre efficaces ; tous ses efforts étaient restés vains. L'inondation, livrée à elle-même, s'étendait de jour en jour, et la conséquence naturelle de ce fléau était une élévation considérable dans le prix du combustible. Il fallait aviser vigoureusement et sans retard.

Un projet de loi destiné à vaincre la résistance des concessionnaires fut donc présenté, dans la session législative de 1837, et fut voté par la Chambre des Députés, le 27 avril 1838, sous ce titre : *Loi relative à l'assèchement et à l'exploitation des mines.*

Le système du retrait par le ministre, sauf recours au Conseil d'Etat, fut adopté à une grande majorité, grâce peut-être à l'imminence du danger : il avait été proposé

---

(1) F. Prunet, *op. cit.*, p. 212.

par la commission de la Chambre des Pairs, désireuse de développer énergiquement les moyens de coërcition et le principe du retrait de la concession établi en germe dans l'art. 49 de la loi de 1810.

CXVI. La loi de 1838 se compose de dix articles. Les articles 1, 2, 3, 4, 5 et 7 correspondent à l'ancien projet du gouvernement sur les inondations. Les articles 6, 8, 9 et 10, conformes à la partie ajoutée par la Chambre des Pairs, développent et sanctionnent les principes posés dans les articles 49 et 50 de la loi de 1810.

Commençons par étudier ce qui concerne les inondations.

L'article 1er indique les conditions auxquelles est subordonnée l'intervention du gouvernement. Il faut : 1o que plusieurs mines soient atteintes ou menacées d'une inondation commune ; 2o que cette inondation soit de nature à compromettre leur existence, la sûreté publique, ou les besoins des consommateurs. Pour arriver à désigner les concessionnaires qui doivent être tenus de concourir aux travaux d'asséchement, il est procédé à une enquête administrative dont les formes ont été déterminées par l'ordonnance du 23 mai 1844, délibérée en Conseil d'Etat. Ces formes ont pour but de mettre chacun des intéressés à même de contredire, et de soutenir que l'inondation ne le menace pas, ou qu'elle n'est pas, quant à lui, de nature à produire les résultats désastreux que l'on redoute.

Si les faits énoncés plus haut sont constatés par l'enquête, le ministre, sur le vu de toutes les pièces transmises par le préfet, décide qu'il y a lieu à pourvoir à l'assèchement et détermine quelles sont les concessions qui doivent contribuer aux travaux. La décision est notifiée administrativement aux intéressés, qui peuvent recourir au Conseil d'Etat par la voie contentieuse, car le ministre statue comme juge (1). Mais la loi déclare que l'appel ne sera pas suspensif : tout retard dans les mesures à prendre peut, en effet, devenir fatal. Donc, et malgré l'appel, les concessionnaires sont immédiatement convoqués par arrêté du préfet, à l'effet de nommer un syndicat composé de trois ou cinq membres pour la gestion des intérêts communs. Les concessionnaires ont un nombre de voix proportionnel à l'importance de la concession (2), importance déterminée d'après le montant des redevances proportionnelles acquittées pendant les trois dernières années qui auront précédé celle où les mines ont été envahies.

L'assemblée ne peut délibérer valablement qu'autant que *le tiers des concessions est représenté, et que ce tiers forme lui-même plus de la moitié des voix attribuées à toutes les exploitations réunies* (3). Au cas de non-accomplissement de ces conditions, il y a recours contentieux pour toutes parties, *présentes* ou *absentes*, devant le ministre et le Conseil d'Etat.

Les syndics sont remplacés, en cas de démission ou décès, d'après le mode de nomination.

Les syndics et les intéressés sont entendus, puis il est rendu un décret dans la forme des règlements d'admi-

---

(1) Art. 2, loi de 1838. — Art. 9, ordonn. du 23 mai 1841. — M. Chauveau, à son cours.

(2) Art. 2, loi de 1838.

(3) *Ibid.*

nistration publique, qui règle les attributions du syndicat, fixe une taxe proportionnelle provisoire ou définitive,
et détermine la forme dans laquelle il doit être rendu
compte des recettes et des dépenses (1). Un arrêté
ministériel détermine l'époque et le mode de perception
de la taxe, et la direction des travaux d'épuisement,
bien entendu, *sur la proposition du syndicat*, lequel a
toujours l'initiative comme représentant les contribuables.
Si l'arrêté modifie les propositions des syndics, ceux-ci
doivent être entendus et présenter leurs observations (2).
Le ministre intervient en ce moment comme administra-
teur et non comme juge.

Si l'assemblée convoquée ne se réunit pas ou n'est
pas en nombre, ou ne nomme pas le nombre voulu de
syndics, la loi fournit le moyen de vaincre la résistance ou l'inertie des concessionnaires : le ministre
nommera une *commission* qui remplacera le syndicat. Il
aura recours au même moyen lorsque les syndics refu-
seront de poursuivre les travaux (3). Les commissaires
peuvent recevoir un traitement, et aucune disposition ne
s'oppose à ce qu'il en soit attribué un aux syndics : ces
traitements sont acquittés sur le produit des taxes imposées. Le ministre a le droit de choisir les commissaires
comme il l'entend, mais les intéressés, concessionnaires
ou syndics, peuvent attaquer ses arrêtés au contentieux,
si les conditions requises pour ces nominations n'ont pas
été remplies.

Le syndicat ou la commission fait exécuter les travaux

(1) Art. 3, loi de 1838.
(2) *Ibid.*
(3) Art. 4, loi de 1838.

selon le mode réglé par l'arrêté ministériel, et dresse les rôles de recouvrement des taxes qui sont rendus exécutoires par le préfet (1). Les réclamations des intéressés sont jugées sur mémoires par le conseil de préfecture, sauf pourvoi contentieux au Conseil d'Etat. Mais encore ici le recours, soit devant le conseil de préfecture, soit devant le Conseil d'Etat, n'est jamais suspensif.

CXVII. A défaut de paiement des taxes dans le délai de deux mois, à dater de la sommation, la mine est réputée abandonnée ; *le ministre peut prononcer le retrait de la concession,* sauf le recours *à l'empereur en son Conseil d'Etat, par la voie contentieuse* (2). La décision est notifiée aux concessionnaires déchus, publiée et affichée, à la diligence du préfet (3). La loi ajoute que l'administration peut faire l'avance du montant des taxes dues par la concession abandonnée, jusqu'à ce qu'il ait été procédé à une concession nouvelle ; mais ce n'est là qu'une faculté (4). La commission de la Chambre des Députés avait proposé de rendre cette avance obligatoire, l'amendement fut rejeté par cette considération que le Trésor pourrait se trouver engagé dans des dépenses considérables, et que la concession abandonnée serait souvent rachetée à vil prix par celui-là même qui aurait refusé de payer les taxes (5).

(1) Art. 5, loi de 1838.
(2) Art. 6, loi de 1838. — M. Chauveau, à son cours : Les divers cas de retrait de concession sont des exemples de *déclassement,* car le ministre touche à une *propriété;* or, il est de principe que les tribunaux *civils* sont seuls compétents pour les questions de propriété.
(3) Art. 6, loi de 1838.
(4) *Ibid.*
(5) F. Prunet, *op. cit.,* p. 222.

A l'expiration du délai de recours (trois mois après la notification de l'arrêté ministériel) (1), ou en cas de recours, après la notification du décret confirmatif de la décision ministérielle, il est procédé publiquement, par voie administrative, à l'adjudication de la mine abandonnée. Les concurrents sont tenus de justifier des facultés suffisantes pour satisfaire aux conditions imposées par le cahier des charges (2). Le plus offrant est déclaré concessionnaire, et le prix de l'adjudication, déduction faite des sommes qui ont pu être avancées par l'Etat, appartient au concessionnaire déchu ou à ses ayant-droit. Si la mine est grevée de priviléges ou d'hypothèques, ce prix est distribué judiciairement entre les créanciers, suivant l'ordre de leur collocation respective (3). La loi de 1838, on le voit, a respecté ce principe que la propriété instituée par l'acte de concession est irrévocable; elle n'a pas prononcé une véritable déchéance, mais bien plutôt une expropriation pour cause d'utilité publique (4), en dehors des règles de droit commun, fixées par la loi du 3 mai 1841, sur l'expropriation.

Jusqu'au jour de l'adjudication, l'ancien concessionnaire ou ses créanciers (5) peuvent arrêter les effets de la dépossession en payant toutes les taxes arriérées, avec les intérêts, et en consignant la somme qui sera jugée

---

(1) Art. 11, décret du 22 juillet 1806.

(2) Art. 6, loi de 1838.

(3) Art. 6, loi de 1838.

(4) F. Prunet, *op. cit.*, p. 223.

(5) Art. 1166 C. N.

nécessaire pour leur quote-part dans les travaux qui resteront encore à exécuter (1).

S'il ne se présente aucun soumissionnaire, la mine reste à la disposition du Domaine, libre et franche de toutes charges provenant du fait du concessionnaire déchu. Celui-ci peut, en ce cas, retirer les chevaux, machines et agrès qu'il a attachés à l'exploitation et qui peuvent en être séparés sans préjudice pour la mine, à la charge de payer toutes les charges dues jusqu'à la dépossession, et sauf au Domaine à retenir, à dire d'experts, les objets qu'il jugera utiles (2).

CXVIII. Je ne crois pas nécessaire de répéter ici ce que j'ai déjà dit § CX, du décret du 23 octobre 1852, qui interdit aux concessionnaires des aliénations partielles de leurs mines, ainsi que des réunions ou fusions de ces mêmes mines, sans l'autorisation préalable du gouvernement; défenses dont la sanction est encore le retrait possible de la concession. Ces mesures aussi sont prises, en faveur de la production dont l'intérêt bien compris veut : 1° qu'une mine soit dirigée par une volonté unique plutôt que livrée à une foule de petits exploitants ayant des intérêts contraires et agissant avec des ressources nécessairement plus restreintes ; 2° que les particuliers profitent de la concurrence existant entre les divers concessionnaires, concurrence que les associations anéantissent.

Ceci indiqué, arrivons aux dispositions de la loi de 1838 qui ont complété et sanctionné les art. 49 et 50 de la loi de 1810.

(1) Art. 6, loi de 1838.
(2) *Ibid.*

Tout puits, toute galerie, ou tout autre travail d'exploitation, ouverts en contravention aux lois et règlements sur les mines, peuvent être interdits par un arrêté du préfet, sauf recours au ministre et au Conseil d'Etat. Par cette disposition, la loi a sanctionné implicitement l'obligation pour le concessionnaire d'obtenir une autorisation du préfet quand il veut ouvrir un nouveau champ d'exploitation (1).

Quand l'exploitation compromet la sécurité publique, la conservation des puits, la solidité des travaux, la sûreté des ouvriers mineurs ou des habitants de la surface, il y est pourvu par le préfet, qui peut ordonner d'office certains travaux aux frais des concessionnaires (2).

La loi de 1838 (3) déclare qu'à défaut de paiement de ces frais, le ministre peut prononcer le retrait de la concession. Il a le même pouvoir lorsque l'exploitation est restreinte ou suspendue de manière à inquiéter la sûreté publique ou les besoins des consommateurs (4).

CXIX. Enfin, la loi de 1838 a imposé de nouvelles obligations pour assurer l'unité de l'exploitation.

Lorsque la mine appartient à plusieurs individus ou à une société, les concessionnaires sont tenus, sous la réquisition du préfet, de justifier d'une direction unique des travaux. Une seule personne doit être munie du droit de direction générale des exploitations ouvertes ou à ouvrir

---

(1) Art. 8, loi de 1838. — Chauveau Adolphe, *Principes de compétence*, n° 1220.

(2) Art. 50, loi de 1810. — Art. 3 et 4, décret du 3 janvier 1813. — Art. 3, 4 et 5, ordonn. des 26 mars 1843.

(3) Art. 9, loi de 1838.

(4) Art. 49, loi de 1810. — Art. 10, loi de 1838.

sur la concession (1); il doit être désigné un seul représentant vis-à-vis de l'administration. Ce représentant a pour mission d'assister aux assemblées générales, de recevoir toute notification ou signification, et, en général, d'agir au nom des concessionaires tant en demandant qu'en défendant (2). Il est obligé à élire un domicile administratif, qu'il fait connaître par une déclaration adressée au préfet. Cet agent peut, du reste, être soit le directeur des travaux, soit un concessionnaire, soit toute autre personne, la loi ne spécifie rien.

Faute par les concessionnaires d'avoir justifié, dans le délai qui leur est fixé par le préfet, du choix d'un directeur unique et d'un seul représentant, ou faute d'exécuter les clauses de leurs conventions qui ont pour objet d'assurer l'unité de la concession, *la suppression de tout ou partie des travaux peut être prononcée par un arrêté du préfet*, sauf recours au ministre, et, s'il y a lieu, au Conseil d'Etat, par la voie contentieuse, sans préjudice de l'application des articles 93 et suivants de la loi de 1810 (3).

CXX. Terminons cette matière en traçant rapidement les règles de l'abandon volontaire d'une concesssion.

La loi de 1838 est restée muette sur ce point, mais la question avait été prévue par l'instruction ministérielle du 3 août 1810, le décret du 3 janvier 1813 et une circulaire du directeur général des mines en date du 30 novembre 1834; les détails en sont, en outre, déve-

(1) Instruction ministérielle, du 29 décembre 1838.
(2) Art. 7, loi de 1838.
(3) *Ibid.*

loppés dans l'article L du Modèle des clauses à insérer dans les actes de concession (1).

Le concessionnaire qui veut renoncer à tout ou partie de sa concession doit s'adresser, par voie de pétition, au préfet, *six mois* au moins avant l'époque à laquelle il a l'intention d'abandonner ses travaux. Ce délai a pour but de mettre l'administration à même de prendre les mesures convenables pour se procurer une connaissance exacte des travaux et pourvoir aux moyens de sûreté et de conservation. La pétition doit être accompagnée : 1° du plan et de l'état descriptif de l'exploitation ; 2° d'un certificat du bureau des hypothèques, soit négatif, soit relatant les inscriptions qui ont été prises.

Ces pièces fournies, la pétition est publiée et affichée pendant quatre mois, aux lieux et suivant les formes déterminées pour les demandes en concession (2).

Les oppositions sont reçues et notifiées, selon l'art. 26 de la loi de 1810.

En un mot, toutes les formalités qui ont précédé l'institution de la concession doivent être remplies, afin de mettre en mesure de se présenter tous ceux qui auraient l'intention d'entreprendre de nouveaux travaux. La renonciation n'est valable que quand elle est acceptée par un décret délibéré en Conseil d'Etat.

Lorsque le décret a été prononcé, il y a lieu de recourir à l'art. 6 de la loi de 1838 ; car l'esprit de cet article conduit à l'appliquer à l'abandon volontaire aussi bien qu'à l'abandon forcé. Il est donc procédé à l'adjudication

---

(1) V. ce Modèle à la suite de la circulaire ministérielle du 8 octobre 1843.

(2) Art. 23 et 24, Loi de 1810.

de la mine, et le prix en est distribué au concessionnaire ou à ses ayant-droit (1).

CHAPITRE III.

DE LA PROPRIÉTÉ DES MINES AU POINT DE VUE DU DROIT PRIVÉ.

SECTION Iʳᵉ.

DES REDEVANCES OU INDEMNITÉS DUES : 1° A L'INVENTEUR ; 2° AU PROPRIÉTAIRE DE LA SURFACE.

CXXI. Voici un homme qui, quelques fois favorisé par un hasard heureux, mais bien plus souvent armé de connaissances spéciales, à l'aide de travaux longs, difficiles, coûteux, chanceux au plus haut degré, est arrivé à découvrir un gîte minéral, à porter à l'actif social une valeur nouvelle : cet homme mérite une récompense. Il l'aura ; la lui refuser serait une iniquité et de plus un mauvais calcul qui enlèverait toute ardeur à la recherche des mines.

Le système radical de Turgot était on ne peut plus généreux en faveur de l'inventeur ; il lui conférait, par droit d'occupation, la propriété de la mine. Parmi les inconvénients signalés dans ce système (2), il en est un

(1) F. Prunet, *op. cit.*, p. 227.
(2) V. §§ LXXXVI et LXXXVII.

que Mirabeau caractérisa d'un mot pittoresque en disant
que, dans de telles conditions, « *la mine serait une vraie*
» *mine à procès.* »

La loi de 1791 attribua à l'inventeur un droit de préférence ; mais ce droit pouvait être illusoire, car il était
primé par celui du propriétaire du sol.

La loi de 1810 a concilié tous les intérêts : « En cas,
» porte l'art. 16 *in fine*, que l'inventeur n'obtienne pas
» la concession de la mine, il aura droit à une indem-
» nité de la part du concessionnaire ; elle sera réglée
» par l'acte de concession. »

Cette indemnité, de même que le titre à la faveur du
gouvernement que laisse apercevoir notre article, n'appartient pas au premier venu qui a constaté de simples
affleurements, mais à *celui qui a réellement découvert la
mine et a fait connaître la disposition des amas, couches
et filons*, de manière à démontrer la possibilité de leur
utile exploitation (1).

L'importance du service rendu à la société variant
avec chaque invention, le chiffre de l'indemnité est aussi
très variable. Une fois qu'il est fixé par l'acte de concession, il devient une créance civile ; toute contestation sur
son acquittement est du ressort des tribunaux civils, à
moins qu'il n'y ait lieu à interpréter le titre.

L'art. 46 de notre loi qui veut que toutes les questions
d'indemnités, à raison de recherches ou travaux antérieurs à la concession, soient décidées par le conseil de
préfecture, s'applique à une autre indemnité que le concessionnaire doit à l'inventeur. Il doit l'indemniser de ses

_____

(1) Instr. minist. du 3 août 1810. Section A, § 1, *in fine.*

travaux , c'est-à-dire de ses dépenses utiles : non pas seulement des travaux ayant amené un résultat, mais de ceux qui , ayant été conduits conformément aux principes de la science, auraient pu en amener un (1):

« Cette seconde indemnité repose sur une question d'art
» et d'appréciation (2) : il s'agit de concilier l'encoura-
» gement à donner aux inventeurs, avec les ménage-
» ments à garder envers l'industrie des mines qu'il ne
» faut pas grever de charges trop lourdes. Ces considé-
» rations suffisent pour faire comprendre que la con-
» naissance de la question ait été réservée aux tribunaux
» administratifs. »

CXXII. De son côté, le propriétaire de la surface, privé de la concession, a droit : 1º à des indemnités pour l'occupation des terrains nécessaires à l'exploitation ; 2º à une redevance proportionnelle à la valeur de la mine. Cette dernière est réglée par l'acte de concession (3). Se conformant tantôt à l'art. 42, tantôt à l'art. 46, l'administration arrête la quotité de cette redevance tantôt à un *quantum* du produit brut, un quart, un sixième, un vingtième, suivant la richesse de la mine, la difficulté de l'extraction ; tantôt à une somme fixe, *dix ou quinze centimes par hectare*, quotité qui est, on l'avouera, fort insignifiante, si l'on veut admettre selon certain système qu'elle représente pour le propriétaire le prix de l'expropriation de *sa* mine, de la mine qui lui appartenait primordialement par voie d'accession. Il est, je crois, infi

---

(1) Ordon. royale du 19 août 1837.
(2) F. Prunet, *op. cit.*, p. 145.
(3) Art. 6, loi de 1810.

niment plus raisonnable d'envisager, ainsi que nous l'avons fait, cette indemnité comme fondée : 1° sur la part de plus-value communiquée à la mine par la surface ; 2° sur la gêne qu'impose l'exploitation souterraine à la propriété superficielle.

D'autres fois, l'administration combine les deux modes : le propriétaire reçoit une rente annuelle et, en outre, une certaine fraction sur le produit brut. Mais quelle que soit la forme de la redevance, au gouvernement seul il appartient de la fixer. Il ne peut être permis aux propriétaires du sol d'imposer aux exploitants des charges trop lourdes pour les mines et qui tariraient ainsi dans ses sources la richesse minérale. Toutes conventions à ce sujet, avant la concession, sont nulles comme ayant pour objet la mine, chose qui n'est pas encore dans le commerce (1), à moins qu'elles ne soient validées par le gouvernement qui en est le modérateur suprême (2).

Les deux redevances présentent des inconvénients. La redevance proportionnelle a le tort de créer une sorte d'association forcée entre l'exploitant et le superficiaire. La redevance fixe offre un double écueil : fixée à l'avance alors qu'on ne peut savoir quel résultat donnera la mine, elle peut être portée à un taux trop élevé, ruineux pour l'exploitation, ou à un taux trop faible, illusoire pour le propriétaire. Notons que c'est toujours l'intérêt de ce dernier que l'administration sacrifie de préférence.

CXXIII. Quant aux indemnités dues pour occupation de terrain, elles sont réglées d'après les art. 43 et 44 de la loi de 1810 dont on peut résumer l'esprit en un mot :

(1) Art. 1128, C. N.
(2) Locré, p. 406.

obligation pour le propriétaire de supporter le dommage, sauf indemnité ; obligation pour le concessionnaire de payer le dommage. Malgré le silence de la loi, nous pensons que l'indemnité pour occupation de terrains doit être préalable. En effet, cela est d'accord avec l'art. 545, C. N. ; puis, l'art. 10 de notre loi le veut ainsi pour les travaux de recherche, et il est tout naturel de donner la même décision pour les travaux d'exploitation que les art. 43 et 44 assimilent complètement aux premiers en ce qui concerne les indemnités. La prise de possession n'est donc possible qu'autant qu'une somme a été consignée ou une caution fournie.

D'un autre côté, il peut y avoir lieu encore à indemnité, mais cette fois non préalable évidemment, pour dégâts occasionnés à la surface par les travaux souterrains, fissures, éboulements, affaissements, absorption de sources (1), écoulement d'eaux malsaines ou corrosives, production de gaz délétères, incendie, ou autres dommages. Encore que l'exploitant n'ait fait qu'user de son droit et accomplir son devoir en creusant la mine, il n'en devra pas moins indemnité au propriétaire de la surface pour tous les accidents qu'occasionnera son exploitation. Ces accidents sont des délits civils ou des quasi-délits, selon le cas, qui tombent sous l'application pure et simple des art. 1382, 1383, C. N. En effet (2), si le résultat de la concession a été de faire

(1) Locré. IX, p. 239. — Delebecque, n° 748. — C. de Nîmes, 30 juillet 1839. — C. cass., 4 janvier 1841. — C. de Dijon, 29 mars 1854. — C. cass., 22 décembre 1852.

(2) Ed. Dalloz. I, p. 411.

acquérir au concessionnaire la propriété de la mine, cette acquisition n'a eu pour objet qu'une propriété modifiée et restreinte par sa relation immédiate avec la propriété de la surface ; qu'une propriété dont l'usage a été, dès le principe, subordonné essentiellement à la condition de soutenir le sol et de lui laisser sa destination naturelle qui est de servir à la culture, à la construction des édifices ; de telle sorte que si cette condition n'est pas remplie, cela seul suffit pour constituer le concessionnaire en contravention à une obligation préexistante, encore que ce concessionnaire se soit conformé aux procédés réguliers d'exploitation.

CXXIV. Voyons maintenant le rôle de la redevance dans le patrimoine du superficiaire. 1° Ne représentant pas le prix d'une expropriation, sa fixation ne donne ouverture à aucun droit proportionnel pour le fisc (1) ; 2° nous ne trouvons nulle part que le paiement de la redevance soit garanti par un privilége sur la mine ; 3° cette redevance n'est pas une rente foncière, bien qu'elle soit due par le détenteur de la mine quel qu'il soit : c'est un droit *sui generis* créé par la loi de 1810.

Que l'on veuille considérer la redevance comme le prix d'une expropriation ou comme l'indemnité de la gêne qu'occasionne au superficiaire l'exploitation de la mine, cette redevance forme une sorte d'appendice de la surface et s'adjoint à elle en prenant le caractère d'immeuble. Aussi la loi dit-elle, art. 18 : « La valeur » des droits résultant en faveur du propriétaire de la

---

(1) C. cass., 8 novembre 1827 ; 26 mai 1834. — Sirey Devill. 1826, I, 85 ; 1844, I, 437.

» surface, en vertu de l'art. 6 de la présente loi, demeu-
» rera réunie à la valeur de ladite surface *et sera affectée*
» *avec elle aux hypothèques prises par les créanciers du*
» *propriétaire.* » Et cela se produit lors même que la
concession est accordée au superficiaire, car (art. 19) :
« Du moment où une mine sera concédée, même au
» propriétaire de la surface, *cette propriété sera distin-*
» *guée de celle de la surface, et désormais considérée*
» *comme une propriété nouvelle,* sur laquelle de nouvelles
» hypothèques pourront être assises, sans préjudice de
» celles qui auraient été ou seraient prises sur la surface
» et la redevance, comme il est dit à l'art. précédent.
» Si la concession est faite au propriétaire de la surface,
» ladite redevance sera évaluée pour l'exécution dudit
» article. »

Ainsi, le créancier qui a un privilége ou une hypothèque sur un fonds de terre, voit son droit s'étendre
sur la redevance, sans nouvelle inscription, quand la
mine renfermée dans ce fonds vient à être concédée.
Cette redevance, en un mot, joue le rôle d'un immeuble
par destination. Nous en concluons qu'elle n'est pas
susceptible d'une hypothèque distincte de celle qui peut
grever le sol (1).

Le superficiaire a néanmoins le droit de séparer la
redevance de la surface par une aliénation distincte ;
mais, en principe et sauf stipulation contraire, elle suit,
comme tout immeuble par destination, la vente de la
propriété du sol (2).

---

(1) F. Prunet, p. 250.
(2) C. cass., 14 juillet 1840. — Devill. 1840, I, 910.

Séparé du tréfonds par une aliénation, le droit à la redevance reprend immédiatement, entre les mains de l'acquéreur, son caractère de chose mobilière, car ce n'est que comme appendice de la surface qu'il a été immobilisé : aussitôt qu'il en est détaché, la fiction cesse, la réalité recouvre son empire, et la redevance est soumise désormais aux règles générales qui s'appliquent aux choses mobilières.

La redevance tréfoncière est-elle rachetable par le concessionnaire ? Je n'hésite pas à répondre affirmativement : 1º d'après la déclaration formelle de Treilhard, approuvée par Napoléon (1) ; 2º d'après une analogie puissante avec les rentes foncière et constituée ; 3º d'après la tendance de nos lois modernes à favoriser le plus possible la libération des débiteurs.

Quant au mode de rachat, il variera nécessairement selon que la redevance sera fixe ou proportionnelle, mais se conformera aux modes établis pour le rachat des rentes par la loi des 18-29 décembre 1790, art. 2, 6, 7, 10, titre III.

(1) Locré, p. 319.

SECTION II.

DU DOMMAGE CAUSÉ A LA MINE PAR LA SUPERFICIE. — DES RAPPORTS ENTRE CONCESSIONNAIRES VOISINS.

CXXV. Il peut arriver que le propriétaire de la surface occasionne, par sa jouissance du sol, un dommage quelconque à la mine. Or, si le fait n'a par lui-même rien d'illicite et n'est que l'exercice du droit de propriété de la surface, quels principes appliquerons-nous? C'est là une très grave question sur laquelle il est nécessaire de s'arrêter un peu.

L'acte de concession a créé deux propriétés là où il n'y en avait qu'une : quelles doivent être les relations entre ces deux propriétés? Le superficiaire peut-il comme par le passé faire tous les travaux qui lui conviendront, dans l'enceinte du périmètre concédé? Le concessionnaire est-il forcé de les subir, et de mettre le sous-sol en état de les supporter? Ce sont là des questions qu'il nous semble impossible de résoudre en principe, car on peut, d'un côté, dire que le droit du superficiaire reste entier n'ayant pas été limité par la loi ; et, d'un autre, on peut soutenir que la loi ayant créé une propriété, le superficiaire, comme toute autre personne, est tenu de la respecter et de ne rien faire qui puisse lui nuire : que dès lors la mine impose à la surface le maintien du *statu quo.* Ces deux systèmes absolus sont exposés et soutenus, le premier dans un réquisitoire du procureur général Dupin (1), l'autre dans l'ouvrage de M. Rey (2), mais chacun d'eux conduit à une conclusion fausse : en effet, ne mettre aucune limite aux travaux du superficiaire, c'est laisser le mineur à la merci de son voisin, c'est lui refuser le titre de propriétaire que la loi lui accorde (3). Imposer le *statu quo* à la surface, c'est usurper le rôle du législateur, car rien de semblable n'est écrit dans la loi, et pour grever la surface d'une telle servitude un texte formel est indispensable.

La raison indique que la vérité est au milieu ; la raison indique que certains travaux sont permis et que d'autres sont défendus. La nature particulière de la propriété souterraine, dit M. F. Prunet (4), conduit d'ailleurs naturellement à la distinction. Le mineur est un nouveau venu, sa propriété est créée avec cette condition, résultant de la nature des choses, de respecter les travaux existants à la surface lors de la concession et tous les autres qu'il peut ou doit raisonnablement prévoir (et je comprends dans ces travaux, même des exploitations de minières et carrières par le superficiaire). Si donc, dans l'intérêt de ces travaux, l'administration lui interdit l'exploitation d'un certain massif, si elle l'assujettit à consolider le sol pour le mettre en état de les supporter, si elle le contraint à donner caution du dommage qu'il pourra leur causer, il ne peut jamais dire qu'on l'exproprie, qu'on aggrave ses charges ou qu'on restreint sa jouissance. Non ! car son droit n'a jamais été plus

(1) Devillen. 1841, I, 259.
(2) Rey. *De la propriété des mines*, I, p. 439.
(3) F. Prunet, *op. cit.*, p. 236.
(4) *Ibid.*

étendu, il a pris naissance avec ces limites et ces conditions que le concessionnaire a acceptées par cela seul qu'il
a dû les prévoir. Mais si le propriétaire du sol a la fantaisie
de transformer complèment la surface ; s'il prétend, par
exemple, construire un chemin de fer ou creuser un lac,
nous croyons que le concessionnaire est en droit de
s'opposer à l'exécution de ces travaux extraordinaires, en
dehors de l'usage normal de la surface , sur lesquels il
n'a pas dû compter, et qui peuvent entraver directement
l'exploitation de la mine. On ne pourrait sans injustice
le forcer à les subir ; on ne pourrait, sans violer la loi, lui
interdire son exploitation, car la loi le déclare propriétaire, et la propriété ne saurait avoir pour mesure le
caprice du voisin , *alors surtout que ce voisin reçoit une
indemnité pour la gêne, la restriction, qu'apporte à sa jouissance la présence de la mine.*

Nous pensons donc que la question est de fait beaucoup
plus que de droit. Il n'y a pas de règle fixe en cette
matière et le silence du législateur rend téméraires tous
les efforts que l'on a faits pour en donner une. Les magistrats, dans chaque espèce, apprécieront si les travaux de
la surface ont dû entrer dans la prévision des concessionnaires et déclareront d'après cela si ces travaux sont permis. Ici encore s'appliqueront les articles 1382, 1383,
C. N.

CXXVI. Néanmoins ces travaux extraordinaires, que
nous prohibons de la part du particulier propriétaire de
la surface, deviennent licites lorsqu'ils sont autorisés par
le gouvernement, car tout intérêt privé doit céder devant
la nécessité publique.

L'administration peut imposer au propriétaire de la

mine telles charges qu'il lui convient, lui interdire son exploitation là où elle le juge convenable , etc., mais n'hésitons pas à décider qu'une indemnité lui est due (1). Si les travaux ont été concédés par l'Etat, c'est l'adjudicataire de ces travaux qui doit la payer ; si c'est l'Etat lui-même qui les entreprend, c'est lui qui doit réparer le dommage. Vainement dirait-on que l'Etat n'a pu, en concédant gratuitement la mine, se soumettre à la nécessité de payer des indemnités quand il voudrait entreprendre des travaux d'utilité publique ; l'argument n'est pas sérieux. Le gouvernement est libre d'insérer toutes les clauses qui lui conviennent dans le cahier des charges d'une concession de mine, mais quand il n'a rien spécifié pour se réserver le droit d'expropriation gratuite, les principes ordinaires du droit et de la justice doivent être appliqués. La propriété acquise à titre gratuit (en supposant, ce qui n'est point, que ce fût ici le cas), n'est pas moins respectable que la propriété acquise à titre onéreux, et s'il est une clause que l'on ne puisse jamais considérer comme sous-entendue dans un contrat, c'est celle qui accorderait de reprendre la chose donnée (2).

CXXVII. Il est des pays où les concessions sont si rapprochées les unes des autres qu'elles se touchent ; il en est même où elles sont superposées l'une à l'autre, comme cela se pratique assez souvent dans le Hainaut (ancien département français de Jemmapes) ; de là entre les concessionnaires voisins des rapports qui doivent être réglés, en général, d'après les principes ordinaires de la

---

(1) F. Prunet, *op. cit.*, p. 238.
(2) V. C. cass., 3 mars 1841. Devill., 1841, I, 259 ; — 3 janvier 1853. Devill et Carette. 1853, I, 347.

propriété, sauf les différences qu'imposera la nature même des choses. Ainsi, les concessionnaires se devront mutuellement indemnité pour les travaux faits par eux en dehors des limites de leur droit, qui auraient porté préjudice à l'exploitation voisine, *damnum injuria datum*, par exemple, en déversant des eaux dans la mine voisine, en y provoquant un écroulement, un éboulement.

La loi de 1810 a statué, par son article 45, sur le cas spécial de déversement des eaux d'une mine dans une autre, et, dans ce cas, il y a *toujours lieu à indemnité*, tandis que dans les autres accidents, tels qu'un incendie communiqué, un éboulement, l'indemnité n'est due que d'après les principes ordinaires des articles 1382, 1383, C. N.

C'est que, lorsque les eaux auront été déversées dans l'exploitation voisine par un fait indépendant de la volonté du concessionnaire, ce dernier n'aura pas moins retiré de cet événement un avantage considérable, car il aura ainsi évité les frais d'épuisement pour ces eaux, frais qui seront tombés à la charge du voisin. Il y aurait donc pour l'un d'eux, aux dépens de l'autre, un enrichissement que la loi ne doit pas tolérer.

Cette disposition trouve, du reste, sa compensation dans l'hypothèse inverse. Mes propres travaux donnent passage aux eaux de la mine voisine et les font écouler dans la mienne. Il est clair que l'article 1382 C. N. conduirait à décider ici qu'il né m'est dû aucune indemnité, puisque le dommage que j'éprouve est le résultat de mes travaux; cependant la loi décide que le voisin me doit une indemnité, et cela est fort juste au fond, puisque, se trouvant débarrassé des eaux qui inon-

daient son exploitation, il retire un avantage de l'événement qui m'occasionne une perte *.

SECTION III.

DE LA MINE CONSIDÉRÉE COMME IMMEUBLE, ET DES DÉMEMBREMENTS DONT LA PROPRIÉTÉ DES MINES EST SUSCEPTIBLE.

CXXVIII. La concession confère un droit de propriété,
c'est-à-dire la faculté de jouir et disposer des choses de
la manière la plus étendue, pourvu qu'on n'en fasse pas
un usage prohibé par les lois et règlements. Or, les lois
et règlements enlacent ce droit dans des limites bien plus
restreintes que le droit de propriété superficiaire. Le
concessionnaire ne peut, en effet, ni aliéner sa concession par fractions, ni la réunir à d'autres sans autorisation gouvernementale, ni suspendre à son gré l'exploitation, ni même se refuser à accomplir certains travaux
de desséchement, etc. Mais, quoi qu'il en soit, il est
bien admis qu'il y a propriété créée, propriété nouvelle,
ce qui s'accorde on ne peut mieux avec la doctrine qui
nous fait considérer la mine non-concédée comme une
chose *nullius*, bien que ce n'ait pas été là le système dont
s'est inspirée la loi de 1810.

Les mines sont immeubles, dit l'article 8 de la loi, et,
en vérité, il était inutile de le dire, car cela découle de

---

* Peut-être pourrait-on soutenir en ce cas, sans trop de subtilité, qu'il
y a simplement application du droit commun, et voir ici une espèce de
negotiorum gestio (art. 1375, C. N.)?

la nature même des choses. Sont aussi immeubles les
bâtiments, machines, puits, galeries et autres travaux
établis à demeure, conformément à l'article 524, C. N. :
ceci est encore une application pure et simple des
principes généraux. En dirons-nous autant de la disposition suivante, qui classe aussi parmi les immeubles par destination les chevaux attachés aux travaux
intérieurs des mines *, les outils et ustensiles servant à
l'exploitation? Devons-nous interpréter cette règle comme
la règle analogue posée au Code Napoléon et dire que
ces objets ne sont immeubles que tout autant qu'ils ont
été attachés au fonds par le propriétaire? Si la mine a
été affermée, est-ce qu'ils seront meubles pour avoir été
mis là par le fermier? Cela n'est pas possible et, en effet,
malgré un argument que l'on veut tirer contre nous des
Travaux préparatoires (1), argument peu convaincant du
reste, remarquons que le troisième alinéa de notre
article 8 ne renvoie plus à l'article 524, C. N.,
comme le deuxième alinéa. Nous pouvons déjà conclure de ce silence significatif que le législateur a
entendu : *que toujours les chevaux, agrès, outils et ustensiles servant à l'exploitation fussent immobilisés.* Mais
nous n'hésiterons plus quand nous aurons remarqué
combien cette décision est conforme à tous les intérêts :
1° à l'intérêt général, qui veut que les travaux souter-

---

* Et où la loi dit *chevaux,* nous pouvons lire : *chevaux et autres
bêtes de somme ou de trait, bœufs, mulets,* etc.; car nous ne voyons
aucun motif et principalement aucune utilité de distinguer, alors surtout que ces animaux peuvent fort bien être considérés comme des *outils
vivants,* des moteurs animés, et rentrer ainsi dans le texte peu limitatif
de l'article.

(1) V. F. Prunet, *op. cit.,* p. 229.

rains ne soient pas interrompus à tout propos : or, un commandement suivi de saisie-exécution après vingt-quatre heures (1), pourrait compromettre à chaque instant l'exploitation et même l'existence de la mine ; tandis que, si ces objets sont immeubles, le créancier sera forcé de recourir aux formes autrement longues de la saisie-immobilière, laissant ainsi au débiteur le temps de prendre ses mesures et de se procurer des fonds, sans être, pour ainsi dire, *pris à la gorge;* 2° à l'intérêt du débiteur, par les mêmes raisons; 3° à l'intérêt du créancier lui-même, car ce n'est pas en empêchant si facilement son débiteur de travailler qu'il arrivera à être mieux payé.

Il est bien entendu que, par chevaux *exclusivement attachés aux travaux intérieurs des mines,* il ne faut pas comprendre seulement les chevaux *descendus dans les galeries* (car la loi eût employé alors le mot *souterrains,* au lieu d'*intérieurs*), mais bien *tous ceux qui travaillent sur le carreau même de la mine*, par exemple : à faire fonctionner des pompes, à mettre en rotation les treuils ou tambours usités encore dans certaines exploitations pour l'extraction des matières, etc. Mais l'immobilisation n'atteint pas les chevaux ou autres animaux qui ne servent qu'au transport, hors du lieu de production, des matières extraites.

CXXIX. « Sont meubles, dit l'art. 9, les matières extraites, les approvisionnements et autres objets mobiliers. »

Rien de plus juste que cette disposition quant aux

_____

(1) Art. 583, Pr. c.

matières extraites : destinées à être vendues ou transfor-
mées, créées pour la circulation, il est clair qu'on devait
leur laisser leur caractère naturel de meubles et les trai-
ter en toute circonstance comme mobilières. Mais pourquoi les *approvisionnements* sont-ils meubles ? C'est là une
disposition contraire à la prudence de la loi (1), contraire
à l'esprit du Code Napoléon (2), et nous dirons plus, dangereuse. Car, ces approvisionnements que seront-ils? A
peu près toujours du combustible destiné à alimenter les
machines d'épuisement, d'extraction. Eh bien ! est-il pru-
dent, est-il conforme à l'intérêt général, de faciliter la saisie
d'objets de cette nature dont la privation peut entraîner
la perte de la mine, qui, n'étant plus épuisée, est envahie
par les eaux, ou qui, ne recevant plus l'air atmosphéri-
que que devaient lui envoyer de puissants ventilateurs, se
remplit de gaz méphitiques et peut occasionner les plus
graves accidents, sans parler des chômages et des souffrances qu'entraînera un tel état de choses (3).

Cette disposition devrait donc être réformée.

Quant aux autres objets mobiliers que la loi laisse tels,
ce sont sans doute les ustensiles et chevaux destinés aux
transports extérieurs, les outils qui servent à charger, et
autres objets analogues.

Ajoutons à cette classification les actions ou intérêts
dans une *société* ou *entreprise* pour l'exploitation des mines, réputés meubles par l'art. 8, conformément à l'arti-

---

(1) Qui immobilise les *machines* et va mobiliser les *matières destinées
à les faire mouvoir.*

(2) L'art. 524, C. N., plus sainement conçu, déclare immeubles les
approvisionnements de la ferme, paille et engrais, placés par le propriétaire.

(3) A. Le Guay, *op. cit.*, p. 149.

cle 529 du C. N. S'il est important, en effet, de considérer les actions dans les sociétés comme des effets
mobiliers, cela n'est jamais plus nécessaire que quand il
s'agit de mines.

CXXX. La propriété d'une mine est transmissible
comme celle de tous autres biens (1), sans autorisation
du gouvernement, à moins que l'exploitation ne doive
être divisée, ou réunie à une autre concession. Toutes
règles établies au Code Napoléon sont, en général, applicables à la cession des mines, sauf la rescision pour
lésion, le produit des mines ayant un caractère aléatoire
qui ne permet pas de déterminer la lésion.

Voilà pour ce qui concerne l'*abusus*. Quant à l'*usus* et au
fructus, le propriétaire a la libre disposition des produits
qu'il extrait (2), il peut adopter tel mode d'exploitation qui
lui convient en se conformant aux règles de police, mais
il n'est pas libre de ne pas exploiter (3), la mine lui
ayant été concédée dans l'intérêt général, et l'intérêt général exigeant que les mines soient en activité

La mine peut être louée. Le louage n'est soumis à
aucune autorisation, à moins toujours que l'exploitation
ne doive être divisée ou réunie à une autre (4). Le droit
d'enregistrement perçu est de 2 pour 100 comme pour
les ventes mobilières, d'après la doctrine de la Cour de
Cassation qui voit dans le louage d'une mine une vente de
meubles, les matières extraites ne se renouvelant point et
l'extraction devant anéantir complètement l'exploitation

(1) Art. 7 de la loi de 1810.
(2) V. cependant pour les mines de fer l'art. 70 de la loi de 1810,
(3) Art. 49 de la loi de 1810, et loi du 27 avril 1838.
(4) Art. 7, loi de 1810. — Art. 7, loi du 27 avril 1838,

au bout d'un certain temps. Mais, en réalité, il y a bail ou louage et point vente, si le contrat comprend, non pas telle quantité de matières extraites ou à extraire, mais la jouissance à forfait de toute la mine. Peu importe que pendant la durée du bail et par son effet la mine ait diminué de valeur, c'est là le sort commun à beaucoup de choses qui se louent, voitures, chevaux, livres, maisons, etc. Il faut donc le reconnaître, c'est le droit de 20 centimes par 100 francs sur le prix accumulé de toutes les années (1), et non 2 pour 100, que devrait payer à la régie un tel contrat. Est-ce que la Cour de Cassation ne reculerait pas elle-même devant sa doctrine, et oserait encore juger qu'il y a vente et que le preneur doit payer son prix tout entier *si la mine avait péri?* Evidemment non! Elle admettrait en ce cas qu'il y a simplement bail et que le preneur n'est tenu de payer que pour le temps de jouissance.

CXXXI. D'après l'article 598 C. N., modifié par la loi du 21 avril 1810, l'usufruitier d'un fonds de terre jouit, de la même manière que le propriétaire, des carrières et tourbières qui sont en exploitation à l'ouverture de l'usufruit. Quant aux mines découvertes, il ne pourra les exploiter que s'il en obtient la concession (2); mais, si elles sont exploitées par d'autres lors de l'ouverture de l'usufruit, l'usufruitier jouira de la redevance comme le propriétaire lui-même (3).

---

(1) Art. 1, loi du 16 juin 1824.
(2) Auquel cas il sera *propriétaire* et non *usufruitier.*
(3) Duranton, IV, n° 568. — Zachariæ, II, p. 13. — Marcadé, sur l'art. 598. — Demolombe, t. X, n° 433. — Mourlon, I, p. 699.

Il n'a aucun droit d'exploitation sur les carrières et tourbières non ouvertes lors du commencement de l'usufruit. Mais faudrait-il pousser la rigueur jusqu'à lui interdire de tirer des pierres pour les réparations à faire à l'héritage, de la marne pour amender les terres, etc. ? Non. Ce ne sont pas là des exploitations suivies, mais des actes de bonne économie d'un père de famille.

Une mine, formant une propriété séparée et distincte de celle du sol, peut aussi faire l'objet d'un usufruit séparé et distinct. Ce démembrement de propriété sera régi par les principes ordinaires du droit civil ; au cas de grosses réparations, par exemple de dessèchement, on appliquera l'art. 609 C. N., le nu-propriétaire sera obligé d'acquitter les taxes et l'usufruitier lui tiendra compte des intérêts ; ou l'usufruitier consentira à avancer la somme et aura droit à être remboursé lors de la cessation de l'usufruit. Il est entendu que l'usufruitier de la mine séparée du sol devra payer au superficiaire la redevance indemnitaire, qui, de même que l'impôt, est une charge et comme un fruit civil passif de la jouissance de la mine (1); il devra, d'autre part, pourvoir à l'entretien des puits, galeries, machines et agrès servant à l'exploitation. En outre, cet usufruitier devra, ici plus encore peut-être qu'ailleurs, exploiter en bon père de famille, et ne point sacrifier, au désir de réaliser des bénéfices excessifs dans le présent, l'avenir de l'exploitation ; mais, ayant en usufruit la mine tout entière et non tel ou tel filon seulement, il est évident qu'il peut donner aux travaux un

---

(1) Conf. Proudhon. *Dom. privé*, II, n° 774. — Demolombe, X, n° 44. — Ed. Dalloz, I, p. 214.

développement nouveau, en se conformant à un aménagement régulier et aux règles de l'art (1).

CXXXII. On comprend qu'il puisse exister sur une mine un droit d'usage, si peu pratique que soit ce droit. Voyons quelle sera sa portée. L'usage d'un fonds de terre consiste à fournir à l'usager les denrées nécessaires à ses besoins et à ceux de sa famille ; l'usage d'une mine aura aussi son utilité : si, par exemple, il est établi sur une houillère, l'usager aura droit de prendre, sur les produits extraits annuellement, la portion de combustible nécessaire à son chauffage et à celui de sa famille ; ou s'il possédait des forges, des mines, le combustible nécessaire à leur alimentation, pourvu que le titre se prêtât à cette interprétation.

S'il s'agissait d'une carrière, l'usager aurait droit, sur les produits extraits, à prendre les pierres nécessaires pour réparer sa maison, ou même pour en bâtir une à lui-même et à sa famille (2). Mais on est d'accord que, pour évaluer la quantité de produits minéraux ou fossiles auxquels l'usager a droit, on ne doit prendre en considération que ses besoins et ceux de sa famille, relativement à cette espèce de produits ; ainsi, l'usager ne pourra prélever, par exemple, une plus grande quantité de houille, afin de se procurer, avec le prix de la vente du charbon qui excèderait ses besoins en fait de combustible, le vin ou le blé qui lui sont nécessaires. C'est, du reste, également de cette façon que l'on procède quand

(1) Conf. Proudhon., *Dom. privé*, II, n° 774. — Demolombe, X, n° 44. — Ed. Dalloz, I, p. 214.
(2) Conf. Ed. Dalloz, I, 201.

le droit d'usage a pour objet une propriété superficielle ordinaire (1).

L'usager ne devant prendre dans une mine que selon la mesure des besoins de lui et des siens, il s'ensuit que ce qu'il prend est nécessairement une part minime des produits de la mine (car une exploitation doit atteindre un tonnage d'extraction assez élevé pour couvrir ses frais généraux, et ne peut se soutenir qu'à cette condition); dès lors, il n'y a pas à examiner la question de savoir si l'usager peut demander, en vertu de son droit, à être mis en possession de la mine pour en jouir lui-même : ce serait là un partage de la mine que prohibe l'art. 7 de la loi de 1810.

Quant aux autres questions qui pourraient s'élever, on les résoudrait à l'aide des principes généraux, en se souvenant toujours que l'usage n'est en quelque sorte qu'un usufruit restreint et qui ne peut être ni cédé, ni loué (2).

CXXXIII. Une mine peut être frappée d'un droit réel (3) d'hypothèque, sans préjudice des hypothèques qui peuvent exister sur la surface et la redevance (4).

Des droits de privilége et d'hypothèque peuvent être acquis sur la propriété de la mine aux termes et en conformité du Code civil, comme sur les autres propriétés immobilières (5). L'article 20 de la loi de 1810, en vue

---

(1) V. notamment MM. Demolombe, X, no 772 ; — Humbert, à son cours.

(2) Art. 578 à 636, C. N.

(3) Art. 2114, C. N.

(4) Art. 19, loi de 1810.

(5) Art. 21, *ibid.*; — et 2118, C. N.

de faciliter les emprunts qui peuvent être nécessaires pour l'exploitation d'une mine, décide spécialement qu'une mine concédée pourra être affectée par privilége en faveur de ceux qui, par acte public et sans fraude, justifieront avoir fourni des fonds pour les recherches de la mine, ainsi que pour les travaux de construction, ou la confection de machines nécessaires à son exploitation ; à la charge de se conformer aux art. 2103 et autres, C. N., relatifs aux priviléges.

Ainsi, dans le patrimoine du concessionnaire, la mine est le gage de ses créanciers, mais ceci à la condition d'avoir été concédée, la concession formant, seule, du tréfonds une propriété séparée de celle du sol.

L'hypothèque prise sur une mine atteint de plein droit les objets mobiliers immobilisés sur cette mine, soit par incorporation, soit par simple destination, et nous pensons, avec une grande partie de la doctrine et avec la jurisprudence (1), que le privilége du vendeur de ces objets, naguère mobiliers, ne devra pas prévaloir sur les hypothèques qui, du chef de l'acheteur, ont atteint de plein droit ces nouveaux accessoires de l'immeuble hypothéqué ; car, 1º s'ils ont été incorporés à la mine, comme des pierres employées à faire des maçonneries, des planches ou autres bois utilisés en boisages, même des machines scellées à chaux, plâtre ou ciment, ces objets sont confondus avec la mine, à laquelle ils adhèrent intimement et dont ils ont par là même la nature ; 2º s'il

---

(1) Valette. *Priv. et hyp.*, nº 85. — Aubry et Rau, *sur Zachariæ*, II, 113. — Pont, nᵒˢ 154, 409 et ss. — Marcadé, art. 1654 et ss., etc. Req. 22 janvier 1833. — *Jurispr. génér.*, vº *Priv. et hyp.*, nº 365. — Rouen, 19 juillet 1828 ; Paris, 25 juillet 1846 ; et autres arrêts.

s'agit de meubles immobilisés par simple destination, tout en ayant conservé leur mobilité naturelle (chevaux servant à l'exploitation intérieure, wagons, outils, etc.), ces objets, devenus accessoires immobiliers de la mine, sont atteints de plein droit par l'hypothèque qui la frappe. Le vendeur devait savoir à qui il vendait, pour quel usage on achetait, et, n'ignorant pas que ces objets allaient être portés sur une mine, prendre ses mesures pour se faire payer avant qu'ils fussent immobilisés. Il ne peut se prévaloir d'un privilége vis-à-vis des créanciers hypothécaires, surtout si ces derniers n'ont acquis leur hypothèque que postérieurement à l'immobilisation desdits objets, car, en ce cas surtout, ils ont dû compter sur ce supplément de garantie.

Néanmoins, ce système qui est bien, je crois, notre système légal actuel, présente de graves inconvénients pour le crédit des concessionnaires, et conséquemment pour l'exploitation des mines, en ce qu'il oblige le fabricant de machines à exiger de l'argent comptant. Aussi, en Belgique, le législateur a-t-il sagement voulu que pour les machines et appareils dont nous parlons, dans le cas même où ces objets ont été incorporés à la mine, le privilége fût maintenu pendant deux ans à partir de la livraison (1). Exprimons le vœu que notre législation soit modifiée en ce sens et conserve le privilége du vendeur, au moins du vendeur de machines et appareils de prix.

CXXXIV. « L'acte de concession, ainsi que nous l'avons

_____

(1) *Comment. législ. de la loi belge du 16 décembre 1851*, par M. Delebecque, p. 102, 110 et ss.

» déjà vu incidemment, fait après l'accomplissement des
» formalités prescrites, *purge*, en faveur des concession-
» naires, tous les droits des propriétaires de la surface
» et des inventeurs ou de leurs ayant-droit, chacun dans
» leur ordre, après qu'ils ont été entendus ou appelés
» légalement (1). » Le droit du superficiaire se résout
en une redevance tréfoncière : les droits des créanciers
hypothécaires sont restreints à l'hypothèque sur la surface et sur la redevance, décision fort prudente, tant au
point de vue du crédit des mines, qui reste ainsi ouvert
à de nouvelles affectations, qu'au point de vue du droit
pur, car les créanciers hypothécaires du propriétaire du
sol n'avaient pas dû compter la mine, *encore inconnue*
lors de leur contrat, au nombre de leurs garanties; et, y
eussent-ils compté, ils ont leur hypothèque sur la redevance qui répond à cette espérance.

Les droits de l'inventeur sont purgés de même et se
résolvent en une créance sur le concessionnaire.

Tout ceci se passe de façon identique, même lorsque
la concession est accordée au propriétaire du sol, *car,*
même en ce cas, le quantum de la redevance doit être fixé.
Ses créanciers hypothécaires antérieurs ont hypothèque
et sur la surface et sur la redevance, mais ne voient
point leur hypothèque de la surface atteindre le tréfonds,
au moins les créanciers ayant hypothèque spéciale, car
les hypothèques générales frappent *tous les biens du*
débiteur, au fur et à mesure de leur entrée dans son
patrimoine : il y a là application pure et simple du droit
commun.

---

(1) Art. 17, loi de 1810.

Les mines, étant susceptibles d'hypothèque, peuvent être saisies et vendues à la requête des créanciers. La loi même a pris soin de nous le dire : le sens de *saisie immobilière* est, en effet, un de ceux qu'il faut voir dans le mot *expropriés* de l'art. 7, loi de 1810. La saisie, la vente de la mine et la collocation des créanciers sont soumises aux formes établies par le Code Napoléon (art. 2204 et ss.) et le Code de Procédure civile (art. 673 et ss.).

De même, il n'est pas discutable que la mine, comme toute autre propriété, peut être expropriée pour cause d'utilité publique et moyennant juste et préalable indemnité (1).

CXXXV. Rien ne s'oppose à l'existence sur les mines, ou pour les mines, de servitudes actives et passives, tant sur la surface que sur des exploitations voisines : occupations de terrain, passages, écoulements d'eau, etc..... Ceci est tellement évident de soi qu'il n'est pas besoin d'insister.

CXXXVI. A l'égard du contrat de mariage, les mines sont soumises aux mêmes règles que les autres immeubles.

Quand le propriétaire d'une mine se marie sous le régime de la communauté, la mine étant immeuble forme un propre et ses produits seuls tombent dans la communauté, usufruitière de tous les immeubles appartenant aux époux. Lorsqu'au contraire la mine est concédée par le gouvernement, durant le mariage, à l'un des époux sur son propre fonds, aussi bien que sur le fonds d'au-

---

(1) Art. 545, C. N. — Loi du 3 mai 1841.
(2) Art. 1401, C. N.

trui, cette propriété nouvelle forme un acquêt et tombe en communauté (1). En effet, les immeubles acquis pendant le mariage tombent dans la communauté, sauf exception, et nous ne sommes pas ici dans un des cas d'exception. La concession n'a pas lieu à titre complètement gratuit et ne peut être assimilée à une donation : le gouvernement, en général, a un tout autre but que de gratifier le titulaire, l'*animus donandi* manque complètement : la concession est donc, *non pas une donation*, mais une acquisition par industrie.

Tombent aussi dans la communauté, à moins de clause contraire (art. 1500 C. N. et ss.) : 1º les actions ou intérêts dans une entreprise minière, lesquels sont mobiliers d'après l'art. 8 de la loi de 1810 ; 2º la redevance, lorsqu'elle est séparée de la surface et a ainsi perdu son caractère d'immeuble (2) ; 3º les matières déjà extraites avant le mariage ; 4º les approvisionnements et tous autres objets mobiliers dont leur destination ne fait pas des immeubles.

Quand les mines ou carrières restent propres à l'un des époux, leurs produits seuls tombant dans la communauté, comment le droit d'usufruit de la communauté a-t-il été organisé par la loi ? Les deux art. 598 et 1403 C. N. qui déterminent les droits d'un usufruitier ou d'une communauté sur les mines, se référant à la loi de 1791, en vigueur lors de la promulgation du Code, il nous faut d'abord exposer le système de ces deux articles d'après le

---

(1) Art. 1401. C. N.
(2) V. en ce sens un arrêt de la C. de Besançon du 12 mars 1857. — Journal *le Droit*, nº du 22 mars 1857.

Code, pour apprécier ensuite les modifications que la loi de 1810 leur a virtuellement fait subir.

Quand une mine avait été mise en exploitation par le propriétaire du sol antérieurement à l'ouverture de l'usufruit, l'usufruitier jouissait de la mine comme le propriétaire lui-même, à moins que le droit du propriétaire ne reposât sur une concession, auquel cas cette concession étant personnelle, l'usufruitier ne pouvait entrer en jouissance qu'après avoir obtenu l'autorisation du gouvernement (1). Quant à la mine dont l'exploitation n'avait pas été commencée avant l'ouverture de l'usufruit, l'usufruitier n'y avait aucun droit (2). On rentrait ici dans la rigueur des principes d'après lesquels les produits des mines ne doivent pas être considérés comme fruits, puisqu'ils ne se renouvellent pas. Une dérogation avait seulement été admise lorsque le propriétaire avait donné l'exemple de ce mode de jouissance qui détériore le fonds : l'usufruitier alors jouissait comme le propriétaire lui-même.

Mêmes principes au cas de communauté. Si la mine était ouverte avant le mariage, ses produits tombaient définitivement dans la communauté, usufruitière des propres ; et si l'exploitation qui aurait pu être faite durant le mariage ne l'avait pas été, il était dû récompense à la communauté lors de sa dissolution (3). Lorsqu'au contraire la mine était ouverte pendant le mariage, ses produits ne tombaient dans la communauté que provisoire-

---

(1) F. Prunet. *op. cit.*, p. 252. — Art. 1. 3, 10, loi de 1791. — Arrêté du Directoire exécutif du 3 nivôse an VI.

(2) Art. 598, 2°, C. N.

(3) Art. 1403, 1° et 2°, C. N.

ment, c'est-à-dire sauf récompense ou indemnité à l'époux propriétaire du fonds (1).

Rien de tout cela n'est changé pour les carrières, mais quant aux mines, il y a eu des modifications apportées à ces règles par la loi de 1810. Pour les trouver, il suffit de se rappeler que, d'après cette loi, le propriétaire n'a jamais le droit d'exploitation sans concession, ni le *droit* de préférence à l'obtention de la concession, et que la mine est une propriété nouvelle complètement distincte de la surface. La solution est alors très facile. D'après l'art. 598, 1° l'usufruitier devant jouir comme le propriétaire lui-même avant le démembrement opéré entre les deux propriétés, 2° la redevance ayant remplacé le droit d'exploitation et le droit de préférence ; il est évident qu'on doit dire de cette redevance ce que l'art. 598 dit des produits. En conséquence, l'usufruitier a droit ou non à la redevance, suivant que l'acte de concession est antérieur ou postérieur à l'ouverture de l'usufruit. Par la même raison, la redevance tombe dans la communauté, sans récompense ou avec récompense, suivant que l'acte de concession est antérieur ou postérieur à la célébration du mariage (2).

Il est évident que, si les époux sont ou séparés judiciairement de biens (3), ou mariés sous le régime de la séparation (4), il n'y a pas de communauté, et par conséquent il ne peut être question d'un droit d'usufruit pour elle.

---

(1) 1403, 3°, C. N.
(2) F. Prunet, p. 254.
(3) Art. 1448 et ss., C. N.
(4) Art. 1536 et ss., C. N.

Que si les époux avaient déclaré qu'ils se marient sans communauté (1), il ne pourrait être davantage question d'usufruit au profit de la communauté, mais comme sous ce régime il s'établit un usufruit sur tous les biens de la femme au profit du mari, celui-ci, en ce qui concerne les mines et carrières ouvertes avant le mariage, pourrait se prévaloir du droit que l'art. 598 C. N. accorde à l'usufruitier sur cette espèce de biens.

Si enfin les époux ont adopté le régime dotal (2), il faut voir si la mine ou la carrière appartient à la catégorie des biens paraphernaux ou à celle des biens dotaux : dans le premier cas, la femme en a conservé non seulement la propriété, mais encore la jouissance ; c'est absolument comme si elle était séparée de biens. Dans le second cas, le mari en jouira comme usufruitier, conformément aux art. 598, 1549, 1550, 1562 C. N. (3).

_____

(1) Art. 1530 et ss., C. N.
(2) Art. 1549 et ss., C. N. — Rodière et Pont, II, n° 453.
(3) Ed. Dalloz, I, p. 133.

APPENDICE.

SIMPLE COUP D'ŒIL SUR LES LÉGISLATIONS ÉTRANGÈRES TOUCHANT LA PROPRIÉTÉ DES MINES.

CXXXVII. Nous avons terminé l'exposition de nos lois minières en nous renfermant autant que nous l'avons pu dans le cercle tracé ; comme renseignement, ou pour mieux dire, comme terme de comparaison, énumérons, en une revue des plus sommaires, les traits saillants de la propriété des mines dans les législations de quelques États étrangers *.

Chez la plupart des nations, Angleterre et États-Unis exceptés, la législation minière repose sur le droit régalien.

En Angleterre, il n'existe pas de code général des mines, pas plus du reste que de code civil, mais il est de droit commun que le propriétaire de la surface est en même temps propriétaire du tréfonds ; il peut exploiter lui-même, et exploite quelquefois ainsi avec le concours de domestiques et de tenanciers ; ou céder son droit à titre onéreux, soit à un particulier, soit à une compagnie. La cession a généralement lieu par bail, comme une ferme, seulement les baux sont plus longs : ils vont de 21 à 99 ans. La rente varie, selon les circonstances,

---

* J'emprunte la plupart de ces notions à MM. Ed. Dalloz et Gouiffès, *op. cit.*, *passim*. — Coquelin, *Diction. d'écon. politique*, v° *Mines*. — Maurice Block, *Dictionn. de politique*.

entre le dixième et le quinzième du minerai extrait. Les mines profondes ne paient que le vingt-quatrième.

D'après la jurisprudence constante du comté de Cornwall, un particulier qui ouvre une mine sur son fonds peut continuer son exploitation, lors même qu'il pénètre sur le fonds d'un autre ; mais il est tenu de rentrer dans les limites de sa propriété si le voisin ouvre chez lui, à son tour, un puits ou une galerie.

Les mineurs du Cornwall et du Devonshire sont justiciables de tribunaux spéciaux appelés *Stanary courts* ou Cours d'étain. La juridiction de ces cours dont l'existence remonte à 500 ans n'a pas été modifiée depuis Charles II. Les mineurs ne peuvent être cités devant les tribunaux ordinaires, tant au civil qu'au criminel, que pour des faits graves.

Le droit régalien (*royalty*) n'existe dans le Royaume-Uni que pour les mines d'or et d'argent, dont le produit est destiné à la fabrication de la monnaie. Le souverain possède le même droit sur les autres mines métalliques dans lesquelles l'or et l'argent se trouvent mélangés au métal principal, pour une valeur supérieure à celle de ce métal.

Les prérogatives de la couronne, en ce qui concerne les mines royales, sont de deux sortes. Ou le *droit d'entrée dans la mine* en fait partie, ou il n'en fait pas partie. Dans le premier cas, la Couronne peut autoriser les fouilles et sondages et *accorder la concession ;* dans le second, elle ne peut pas autoriser la recherche des gîtes minéraux, mais si la mine est ouverte, elle peut empêcher le propriétaire de l'exploiter, et l'exploiter elle-même directement ou en faire la concession. En réalité, ces divers priviléges du souverain en Angleterre sont tombés en désuétude, et le principe dominant en matière de mines dans ce pays, c'est que la propriété du dessus emporte la propriété du dessous, et que, par conséquent, le droit d'exploiter les mines appartient exclusivement au maître du sol.

Le gouvernement n'intervient dans l'exploitation minérale que pour assurer l'exécution de l'acte du 10 août 1842, qui a interdit le travail des mines aux femmes ainsi qu'aux enfants mâles ayant moins de dix ans, et a défendu de payer les salaires des mineurs dans *une taverne ou un cabaret*. Aucune disposition législative n'oblige les exploitants à prendre les mesures nécessaires pour prévenir les accidents ; aussi sont-ils nombreux si l'on en juge par une statistique officielle d'après laquelle 2070 personnes auraient perdu la vie, seulement par *suite d'explosion* dans les houillères, de 1810 à 1835.

CXXXVIII. La Belgique ayant fait partie de la France a gardé la loi française du 21 avril 1810, plus ou moins remaniée dans ses détails par des actes postérieurs. La plus profonde modification date de la loi du 2 mai 1837, qui donne un droit de préférence au propriétaire, mais en laissant au roi la faculté de s'écarter de cette règle avec l'avis du Conseil des mines (créé par cette même loi), dans le cas où le propriétaire du sol se trouve en concurrence, soit avec l'inventeur, soit avec un demandeur en extension de concession.

L'indemnité accordée au propriétaire est déterminée au moyen d'une redevance fixe et d'une redevance proportionnelle. La première, fixée par l'acte de concession, n'est jamais moindre de 25 centimes par hectare de superficie; la deuxième va de 1 à 3 pour 100 du produit net de la mine, arbitré annuellement par un comité d'évaluation, soit sur les renseignements fournis chaque année par les exploitants, soit par forme d'imposition ou d'abonnement (1).

L'administration oblige tout concessionnaire à créer une caisse de prévoyance au profit de ses ouvriers, et à s'y associer.

CXXXIX. L'ancien droit allemand considérait les mines et les salines comme faisant partie intégrante de la propriété du sol. A partir du XIIᵉ siècle seulement, les empereurs d'Allemagne établirent ce principe : que les mines et les salines sont des régales impériales, et que des particuliers ne peuvent acquérir la propriété de ces biens qu'en vertu d'une concession de l'empereur. Cette règle fut appliquée aux grands et aux petits vassaux du Saint-Empire romain, mais, depuis la paix de Westphalie (1648), cette manière de voir subit un changement notable. Le vasselage des princes de l'Empire se transformant en souveraineté, ils revendiquèrent la régale des mines et des salines comme un droit inhérent à cette souveraineté.

Le développement successif du droit des princes aux mines et salines explique la différence très sensible qui existe entre les divers pays de l'Allemagne. Dans plusieurs états, il est de principe que la *régale* comprend tous les minéraux extraits au moyen de puits et de galeries; dans d'autres, notamment en Bavière et en Saxe, elle s'applique seulement aux *métaux*. En Autriche, la

_____

(1) Ern. Dupont et Chicora. *Code annoté.*

régale comprend tous les minerais contenant des métaux, du soufre, de l'alun, du vitriol, du sel commun ; de même, les eaux de cémentation, le graphite, le bitume et la houille : ces minerais sont dits *réservés*, tous autres sont exempts de la régale (1). En Prusse, le Code général (2ᵉ partie, titre 16, art. 69 et ss.) énonce aussi clairement les objets compris dans la régale et ceux qui ne le sont pas.

Voici, quant à l'exploitation, comment les choses se passent généralement dans les pays allemands. Les étrangers, comme les nationaux, peuvent se livrer à la recherche des minéraux, et celui qui en trouve acquiert comme inventeur le droit de les extraire : le gouvernement s'est engagé à lui en donner la permission, pourvu qu'avant de faire ses recherches il ait pris un *permis de fouilleur*. La concession soumet les exploitants à la haute surveillance des agents spéciaux de l'autorité, et leur impose, en outre de l'acquittement de certains droits, une redevance annuelle du produit brut. L'Etat se réserve, du reste, un droit de préemption des produits, notamment en ce qui concerne l'or et l'argent.

Le propriétaire du sol, exproprié de l'espace nécessaire aux puits, bâtiments, bocards, etc., est indemnisé et de plus reçoit ordinairement une part dans les produits de la mine : mais il est obligé de fournir l'eau nécessaire au lavage du minerai, *dût-il pour cela mettre ses étangs à sec et laisser ses moulins en chômage.*

Les carrières qui peuvent se travailler à ciel ouvert appartiennent au propriétaire, qui seul les exploite sans

---

(1) Loi du 23 mai 1854.

permission, à la charge de se conformer aux règlements de police. S'il n'exploite pas, un autre prend sa place, moyennant une juste indemnité.

Les agents des mines s'assurent si les concessionnaires exploitent en bon père de famille et veillent à l'exécution des mesures de police. *Ils déterminent les versements à faire par les actionnaires, ils fixent les dividendes,* etc.

Cette législation, on le voit, consacre la tutelle absolue de l'État et son intervention dans les moindres détails de l'industrie minérale.

CXL. En Russie, un ukase de Pierre Ier, de 1700, renouvelé par Pierre II, en 1772, et par Catherine II, en 1782, accorde à chaque propriétaire le droit de chercher et d'exploiter les minéraux qui se trouvent sur son domaine, ou d'en concéder l'exploitation. Mais le droit régalien s'exerce néanmoins de deux manières : 1° par un droit sur les produits des mines particulières, qui variait entre 20 et 25 pour cent avant 1847, et paraît avoir été porté depuis à *40 pour cent* sur les mines d'or et d'argent ; 2° par l'obligation généralement imposée aux exploitants de livrer leurs produits au gouvernement à un prix fixé *par celui-ci.* Des exploitations particulières ne sont praticables, avec de pareilles conditions, que dans la supposition que des quantités considérables de produits échappent aux droits, par la connivence ou à l'insu des agents de la perception.

Sur les vastes domaines de la couronne, c'est l'inventeur qui est admis à l'exploitation, non à titre de propriétaire, mais à titre d'usufruitier perpétuel.

CXLI. L'Espagne a, à peu près, emprunté à la France sa législation et son organisation administratives

des mines. Seulement, comme conséquence du droit régalien, il n'y est dû aucune redevance tréfoncière au
propriétaire du sol ; celui-ci ne reçoit d'indemnité que
pour le dommage réellement causé à la surface.

En Portugal, le droit régalien existe en théorie ; mais
la loi de 1836 a établi de grandes facilités pour la concession des mines à l'industrie privée. Un droit de préférence est reconnu à l'inventeur, et la concession confère
la propriété de la mine. Le reste comme en Espagne.

CXLII. Quant à l'Italie, il faut distinguer entre les
Etats sardes et la Lombardie, d'une part, et les nouvelles
acquisitions, de l'autre.

Les provinces sardes sont régies par l'ordonnance
royale du 20 novembre 1859, calquée sur la loi française de 1810, avec les modifications qui suivent : aucune recherche ne peut être faite dans le terrain d'autrui,
sans le consentement du propriétaire et l'autorisation du
gouvernement. Le propriétaire a le droit de demander
qu'un cautionnement soit déposé pour garantir l'indemnité qui lui sera due pour dommages causés. Un droit de
préférence est accordé à l'inventeur ; le propriétaire de
la surface n'est pas considéré comme ayant droit au tréfonds. Si l'inventeur ne justifie pas des moyens d'entreprendre l'exploitation, on lui doit au moins une indemnité. La mine concédée devient une propriété complète,
sauf les dispositions d'intérêt général, notamment l'obligation d'exploiter et la défense d'abuser.

En Toscane, le droit régalien a été aboli en 1789, et
tout habitant peut rechercher des mines et les exploiter
sans permission spéciale, en indemnisant au besoin les

propriétaires de la surface, et surtout en obtenant leur consentement par écrit.

A Naples et en Sicile, la loi de 1826, encore en vigueur, autorise tout propriétaire à rechercher et à exploiter une mine sur son terrain, et même à la concéder à autrui. A défaut du propriétaire, tout autre peut exploiter le filon délaissé, en obtenant l'autorisation du gouvernement. L'inventeur a un droit de préférence lorsque les mines sont découvertes sur une propriété de l'État, mais il doit alors se munir d'une concession.

CXLIII. Les États-Unis n'ont, en ce qui concerne les mines, aucune législation spéciale. Même dans les provinces du nord-est, où le sol est fort morcelé, les gîtes minéraux sont attachés à la propriété de la surface et prospèrent avec elle (1). Le rôle du pouvoir social et administratif vis-à-vis des exploitants est donc là bas à peu près nul, et l'on s'en rapporte à l'intérêt privé bien compris pour toute garantie d'une bonne exploitation de la richesse minérale, dans un pays où le sentiment de la puissance individuelle est si prononcé et si énergique.

(1) F. Le Play. *Réforme sociale*, p. 415.

QUESTIONS ET POSITIONS.

DROIT ROMAIN.

I. L'accession est-elle une manière d'acquérir ?

II. Les sociétés sont-elles des êtres moraux ?

III. Le mandat doit-il être essentiellement gratuit ?

IV. Une obligation naturelle peut-elle prescrire ?

V. Le mineur de 25 ans peut-il nover ?

ANCIEN DROIT FRANÇAIS.

I. L'exception non *numeratæ pecuniæ* n'existe pas dans le droit coutumier.

II. Que faut-il entendre par ces termes : promesse de vente vaut vente ?

CODE NAPOLÉON.

I. Dans les lieux ou la clôture est forcée, un des voisins peut-il se dispenser de contribuer aux frais du mur, en abandonnant la moitié du terrain sur lequel on doit construire cette clôture ?

II. Le prêtre catholique peut-il se marier en France ?

III. L'héritier pur et simple est-il tenu *in infinitum* des legs ?

IV. La femme peut-elle garantir la vente de son bien dotal ?

V. Quelle est la portée de l'art. 1903 C. N. au Titre du Prêt ?

CODE DE PROCÉDURE CIVILE.

I. Qu'est-ce qu'une *action mixte ?*

II. Un avoué peut-il attaquer la taxe faite par le juge ?

III. L'exécution provisoire ordonnée par l'art. 135 Pr. c. peut-elle ne pas être prononcée quand le défendeur conteste la valeur actuelle du titre exécutoire ?

IV. Quel est le caractère du jugement de *défaut congé ?*

V. En matière d'enquête, quelle est la valeur, quant à la conviction du juge, des dépositions testimoniales ?

DROIT CRIMINEL.

I. Un contumax est-il en état d'interdiction légale ?

II. L'étranger, qui, pour une condamnation prononcée contre lui en son pays, encourt des incapacités, est-il suivi par ces incapacités s'il se réfugie en France ?

DROIT COMMERCIAL.

I. Des commerçants donnent et reçoivent des ordres par le télégraphe ; une erreur se produit dans la transmission d'une dépêche et occasionne un désastre à l'un d'eux : qui doit supporter les conséquences de cette erreur télégraphique ?

II. En cas de faillite du tiré, la provision appartient au porteur.

DROIT ADMINISTRATIF.

I. A qui appartient la propriété des rivières non navigables, ni flottables ?

II. Le ministre constitue le tribunal administratif ordinaire.

Vu par le Doyen, président de la thèse ,
CHAUVEAU ADOLPHE.

Vu et permis d'imprimer :
Le Recteur ,
ROUSTAN.

« Les visas exigés par les règlements sont une garantie des
» principes et des opinions relatifs à la religion, à l'ordre public
» et aux bonnes mœurs (statut du 9 avril 1865, art. 11), mais
» non des opinions purement juridiques dont la responsabilité est
» laissée aux candidats.

» Les candidats répondront en outre aux questions qui leur seront
» faites sur les autres matières de l'enseignement. »

TABLE

QUATRIÈME PARTIE.

Législation actuelle.

Toulouse. — Typ. de Bonnal et Gibrac, rue St-Rome 44.

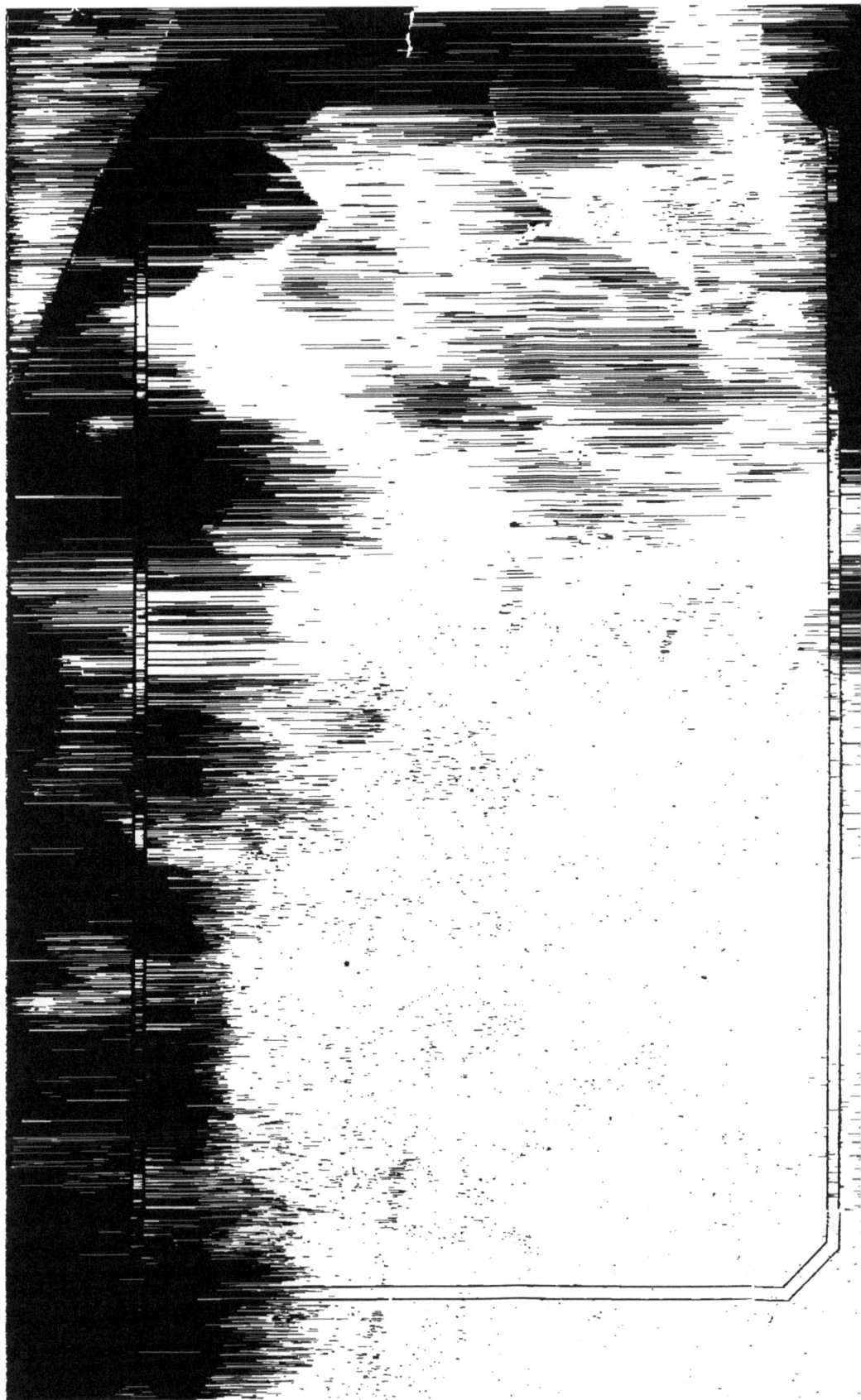

www.ingramcontent.com/pod-product-compliance
Lightning Source LLC
Chambersburg PA
CBHW070253200326
41518CB00010B/1777